HEILIGE BERGE – HEILIGE QUELLEN

Wallfahrtsstätten in der Oberpfalz

Günter Moser · Bernhard Setzwein

HEILIGE BERGE – HEILIGE QUELLEN

Wallfahrtsstätten in der Oberpfalz

BUCH & KUNSTVERLAG OBERPFALZ

Bibliographische Information der Deutschen Bibliothek
Die Deutsche Bibliothek verzeichnet diese Publikation in der Deutschen Nationalbibliografie; detaillierte bibliografische Daten sind im Internet über http://dnb.ddb.de abrufbar.

Mühlgasse 2, 92224 Amberg
Konzept und Buchgestaltung: Günter Moser, 92260 Ammerthal
Texte: Bernhard Setzwein
Bildnachweis: Seite 144
Satzherstellung: BeSt-Systeme Stefan Bernt, 92237 Sulzbach-Rosenberg
Druck: Druckerei Spintler, 92637 Weiden

ISBN: 978-3-935719-96-4

Titel: Mariahilfbergkirche in Amberg
Seite 1: Krönung Mariens an der Predella des Altars in Sackenried
Seite 2: Kanzelengel, Mariahilfbergkirche Amberg
Seite 144: Krönung des Hochaltars in der Wallfahrtskirche auf dem Eixlberg
Rücktitel: Votivbild aus Mariahilf, Beratzhausen

WALLFAHRTEN – EIN WEG ZU GOTT

Geleitwort von Bischof Dr. Rudolf Voderholzer

Liebe Leserinnen und Leser,
liebe Wallfahrtsbegeisterte,

in der Heilsgeschichte sind Berge immer wieder besondere Orte der Gottesbegegnung. Auf dem Berg bekräftigt Gott seinen Bund mit Abraham, nachdem dieser im Vertrauen auf Gottes Schöpfermacht seine Bereitschaft gezeigt hatte, ihm seinen Sohn zu opfern (vgl. Gen 22,1–19), auf dem Berg erhält Mose von Gott die Zehn Gebote als Zeichen des Bundes zwischen Gott und dem befreiten Volk Israel (vgl. Ex 20,1–21; 24,1–18) und die Vorstellung vom Zion, dem Berg des Hauses Gottes, wo Gott wohnt, durchzieht das ganze Alte Testament. Im Neuen Testament denken wir an die Bergpredigt und vor allem an die Verklärung des Herrn, die den drei Jüngern, die er bei sich hatte, seine Herrlichkeit sichtbar machte (vgl. Mk 9,2–10 parr.), und an Golgota, die Schädelhöhe, die Jesus hinaufsteigen musste, um am Kreuz zu sterben (vgl. Mk 15,20b–41 parr.). Die entscheidenden Situationen in der Geschichte Gottes mit den Menschen werden auf heiligen Bergen dargestellt.

In Bayern sind wir mit den Bergen bestens vertraut. Den meisten ist es bekannt, was es heißt, einen Berg zu besteigen. Da steht zu Beginn der Vorsatz „Heute gehen wir es an, heute gehen wir hinauf!“ Sind die Wetteraussichten gut, macht sich Vorfreude breit. Vorbereitungen werden getroffen. Es braucht eine gute Ausrüstung, Proviant und Zeit. Wenn man sich auf den Weg zum Anstieg macht, lässt man den Alltag hinter sich. Auf dem Weg hinauf wird die Welt im Rücken immer kleiner und immer ruhiger. Anstrengung und Mühe werden immer größer. Legt man unterwegs eine Rast ein, kann man sich stärken, Bilanz ziehen, auf die zurückgelegte Wegstrecke schauen und sich auf das Ziel freuen, das sich dem Blick noch entzieht. Es geht weiter mit der Gewissheit, bald das Ziel, den Gipfel des Berges zu erreichen. Nein, beim Bergsteigen ist der Weg nicht das Ziel, so sehr dieser auch dazugehört. Aber jeder einzelne Schritt geht dem Gipfel des Berges als Ziel entgegen. Oft kommt dann der Moment ganz überraschend, der Moment, in dem sich plötzlich der Blick weitet, der Moment, in dem einem plötzlich „die Welt zu Füßen“ liegt und der Horizont in weiter Ferne liegt. Ein tiefes Gefühl von Zufriedenheit und Glück lässt mit einem Schlag alle Anstrengung des Anstieges vergessen. Angekommen.

Diese Beschreibung einer Bergwanderung kann man lesen wie eine Allegorie für unseren Glauben, der uns auch einen Weg gehen lässt, bei dem wir manches hinter uns lassen und auch große Anstrengungen aufnehmen und aushalten müssen, bei dem manchmal der Schmerz und die Trauer über die Verborgenheit Gottes quält, bei dem wir aber ein Ziel vor Augen haben, das uns antreibt, weiter zu gehen. Als Proviant bietet uns die Kirche Begegnung mit Christus im Wort und im Sakrament. Die Eucharistie als Wegzehrung, das Bußsakrament als Möglichkeit Bilanz zu ziehen, den bisher

Votivschrein in der Wallfahrtskirche St. Anna in Sulzbach-Rosenberg

Hochaltar der Wallfahrtskirche
Mariä Heimsuchung auf dem Fahrenberg

zurückgelegten Weg zu bedenken und mit Gottes Vergebung und Zuspruch wieder neu weiterzugehen, und die Krankensalbung als Unterstützung in schwierigen Zeiten, in denen wir auf die Nähe zu Jesus Christus besonders angewiesen sind. Der Gipfel des Glaubens ist die Gemeinschaft mit Gott, die alles Vergangene nicht auslöscht, sondern aus einer neuen Perspektive zeigt, in einem neuen Licht erstrahlen lässt, wie der Blick vom Gipfel des Berges.

Es überrascht deshalb nicht, dass unsere Berge bevorzugte Orte von Wallfahrtskirchen und Gnadenkapellen sind und Menschen sich seit Jahrhunderten auf den Weg machen, um dort im Gebet Gott zu begegnen und ihren Glauben zu stärken.

In diesem schönen Bildband können Sie sich vertiefen in die Welt der „heiligen Berge" der Oberpfalz und einen Vorgeschmack davon bekommen, was Sie dort erwartet, wenn Sie sich selbst auf den Weg machen.

Ich wünsche Ihnen den Segen Gottes!

Regensburg, im Oktober 2013

+ Rudolf Voderholzer

Bischof von Regensburg

Große Kappl
Konnersreuth
Waldsassen
Kleine Kappl
Neualbenreuth
Wondreb
Pechbrunn
Mitterteich
Brand
Ebnath
Neusorg
Pullen-reuth
Maria Hilf
Fuchsmühl
Immenreuth
Wiesau
Mähring
Armesberg
Kreuzberg
Kulmain
Friedenfels
TIRSCHENREUTH
Kemnath
Fichtelnaab
Erbendorf
Falkenberg
Reuth
Neustadt a.Kulm
Krummennaab
Bärnau
Creußen
Barbaraberg
Windisch-eschenbach
Steinberg
Speinshart
Plößberg
Altglashütte
St. Quirin
Rußweiher
Pressath
Püchers-reuth
Mühlberg
Kirchen-thumbach
Eschenbach i.d.OPf.
Störnstein
Altenstadt a.d.Waldnaab
Flossen-bürg
Parkstein
NEUSTADT a.d. Wn.
Floß
Grafenwöhr
Pinzigberg
St. Felix
Georgenberg
Auerbach i.d.OPf.
WEIDEN
Wald-thurn
Fahrenberg
Pleystein
Mantel
Weiher hammer
Waidhaus
Heilig Kreuz
Vohen-strauß
Etzenricht
Vilseck
Königstein
Kohlberg
Luhe-Wildenau
Moosbach
Leuchtenberg
Eslarn
Edelsfeld
Koppelberg
Wieskirche
Hirschbach
St. Jodok
Fronberg
Hirschau
Schnaittenbach
Wernberg
Neukirchen b.Sulzb.-Rosenbg.
Hahnbach
Tännes-berg
Dietersdorf
Etzelwang
Mausberg
Mariä Himmelfahrt
Trausnitz
Annaberg
St. Jakob
Schönsee
Eixlberg
Pfreimd
Stadlern
Sulzbach-Rosenberg
Johannisberg
Teunz
Gaisthal
Weiding
Freuden-berg
Oberviechtach
AMBERG
Nabburg
Birgland
Illschwang
Niedermurach
Tiefenbach
Mariahilfberg
Maria Bründl
Guteneck
Treffel-stein
Kümmersbruck
Winklarn
Schwarzach
Altendorf
Ursen-sollen
Perlsee
Miesberg
Kastl
Schwarzenfeld
Schwarzhofen
Lauterhofen
Theuern
Ast
Waldmünchen
Katzdorf
Ensdorf
Trautmannshofen
Berg
Neunburg vorm Wald
Lauterach
Rieden
Rötz
Furth i.Wald
Stettkirchen
Kreuzberg
Eschlkam
Postbauer-Heng
Maria Hilf
Habsberg
SCHWANDORF
Gleißenberg
Hohenburg
Wackersdorf
Mariä Geburt
Arnschwang
NEUMARKT
Neukirchen-Balbini
Steinberg
Bodenwöhr
Stamsried
Waffen-brunn
Weiding
Neukirchen b.Hl.Blut
Herz Jesu
Kreuzberg
Schmidmühlen
Rittsteig
Maria Hilf
Lengenfeld
Bruck i.d.OPf.
Rimbach
St. Wolfgang
Neubau
Teublitz
Dening
Velburg
CHAM
Grafenwiesen
Hohenwarth
Freystadt
Kreuzberg
Maxhütte-Haidhof
Nittenau
Chamerau
Lam
Arrach
Sulzbürg
Burg-lengenfeld
Walderbach
Roding
Weißenregen
Lohberg
Mühlhausen
Heilbrünnl
Reichenbach
Regen
Kötzting
Parsberg
Lamberg
Blaibach
Loifling
Petersberg
Kallmünz
Steinbühl
Sackenried
Zell
Traitsching
Zandt
Miltach
Schw. Laber
Rechberg
Marienstein
Michels-neukirchen
Berching
Regenstauf
St. Sebastian
Duggendorf
Falkenstein
Beratzhausen
Wolfsegg
Maria Hilf
Frauenzell
Breitenbrunn
Bernhardswald
Altenthann
Neukirchen
Brennberg
Retten-bach
Weiße Laber
Pielenhofen
Eichlberg
Laaber
Hemau
Pettendorf
Lappersdorf
St. Salvator
Dietfurt
Donaustauf
REGENSBURG
Bach a.d.D
Wörth a.d.D.
Griesstetten
Maria Ort
Barbing
Neutraubling
Aufhausen

ALTES, MÄCHTIGES BILD UNSERER ERDEN-EXISTENZ

Geschichte und Bedeutung der Wallfahrt

Das bayerische Volk, es liebt seine Wallfahrten. Das lässt sich schon in einer der allerersten Landesbeschreibungen nachlesen, die es über unser Stammesgebiet gibt. Verfasst worden ist sie von Johann Georg Turmair, dem Gastwirtssohn aus Abensberg, der später zu einem bedeutenden Humanisten und Historiographen wurde ... in Anlehnung an seine Vaterstadt nannte er sich Aventinus. In seiner „Baierischen Chronik" heißt es: „Das bairische volk ist geistlich, schlecht und gerecht, läuft gern kirchferten, hat auch vil kirchfahrt."

1556 ist Turmairs Chronik in deutscher Übersetzung das erste Mal erschienen. Ein Beleg mehr also, dass das Wallfahrtswesen bereits im Hochmittelalter in voller Blüte stand, andernfalls hätte der Chronist kaum von „vil kirchfahrt" schreiben können. Ein Blick auf die Oberpfälzer Pilgerstätten, die in dieses Buch aufgenommen wurden, unterstreicht dies. Oft lässt sich die Geschichte von Wallfahrtsorten weit zurückverfolgen. Sicher, es gab Zeiten, da stand es schlecht ums „Kirchfahren", zumal in der Oberpfalz. Die häufigen Glaubenswechsel, die Perioden, in denen reformatorische Landesherren den Ton angaben und folglich das katholische Wallfahrten wenig gelitten, wenn nicht gar verboten war, sorgten für Unterbrechungen der Traditionslinien. Doch vor allem in der Barockzeit erfolgte so manche Wiederbelebung, nebst möglichst prunkvollem Neubau der betreffenden Wallfahrtskirche. In den Quellen heißt es dann, dieses neue, größere Gotteshaus habe die ursprüngliche Gnadenstätte ersetzt, oft sei diese nicht recht viel mehr gewesen als eine kleine, manchmal nur aus Holz gezimmerte Kapelle, hie und da lediglich ein Bildstock. Viele dieser Wallfahrten haben gerade in letzter Zeit wieder einen erstaunlichen Aufschwung genommen, andere hingegen sind ganz in Vergessenheit geraten. Von den rund hundert Gnadenstätten, die in der Oberpfalz nachweisbar sind, fanden 57 Aufnahme in dieses Buch. Ein wesentliches Kriterium für die Berücksichtigung war dabei, dass der betreffende Wallfahrtsort noch immer lebt und noch immer Pilger nach dorthin unterwegs sind.

Sie, die sich auf den Weg machen, folgen dabei alle einem ganz offensichtlich uralten menschlichen Bedürfnis. Nämlich sich in Bewegung zu setzen, um – zu Fuß! – einen besonderen Ort aufzusuchen, einen heiligen und heilenden zugleich. Dieses Bedürfnis kennen fast alle Kulturen und Religionen. Manche schreiben Pilgerfahrten sogar mehr oder weniger vor.

Aus dem Stiftlandmuseum in Waldsassen stammt dieses Wachsstöckl. Hergestellt wurden diese aufgewickelten Kerzen früher vom Wachszieher, der zugleich meist Lebzelter war. Man brachte sie oft von Wallfahrten mit und sie wurden dann zur Kommunion oder zur Firmung verschenkt. An Lichtmess waren sie manchmal eine Gabe des Knechts an die Magd fürs „Bettaufschütteln". Als es noch kein Licht in den Kirchen gab, nutzte man sie, um im Gebetbuch lesen zu können, und auch zum Fingerwärmen.

Anlässlich einer Primiz zog eine feierliche Prozession mit wehenden Fahnen und Himmel, unter dem der Pfarrer mit dem Allerheiligsten ging, zur Wallfahrtskirche St. Quirin bei Ilsenbach.

Ein Moslem zum Beispiel wird sich erst dann als guter Gläubiger verstehen, wenn er wenigstens einmal in seinem Leben nach Mekka gepilgert ist. Der sogenannte „Hadsch" gilt als eine der fünf Säulen religiöser Verpflichtung. Im Vergleich dazu gibt es im Christentum kein theologisches Gebot, das vorschreiben würde, ein guter Christ müsse wallfahrten. Im Gegenteil: Es lassen sich immer wieder Beispiele finden, wo Kirchenobere eher skeptisch reagierten, wenn von Seiten der „einfachen" Gläubigen ein Ansuchen um Gründung einer neuen Wallfahrtsstätte vorgebracht wurde. Da konnte ein Kapellenbau auch schon mal untersagt werden, oder es wurde zur Auflage gemacht, dass dort keine Messen gelesen werden durften.

Das gläubige Volk jedoch, auch diese Beobachtung lässt sich immer wieder machen, blieb unbeirrt bei seinen eigenen Vorstellungen davon, was ihm das Heil bringe. Wobei Letzteres durchaus wörtlich zu verstehen ist: Fast bei jeder Wallfahrtsstätte steht am Anfang ein wundersamer Fall von Heilung oder Errettung. Schlimme Krankheiten sind plötzlich verschwunden, Blinde werden sehend, Lahme können wieder gehen. Sich hoffnungslos ins Walddickicht verirrte Reiter finden einen Ausweg, Viehseuchen verschwinden so unerklärlich, wie sie gekommen sind, Männer, die in den Krieg ziehen müssen, kehren unverletzt wieder heim. All diese „Mirakel" können sich aber nur ereignen, weil es einen konkreten Adressaten gibt, an den sich der Pilger mit seinen Bittgebeten oder gar einem Gelübde wendet. Dieser Schutzpatron ist es, von dem es dann heißt, er habe in der bittersten Drangsal geholfen. An allererster Stelle ist hier die Muttergottes selbst zu nennen, die heilige Maria. Wieviel tausendmal wird das „Maria hat geholfen!" in den Mirakelbüchern und auf den Votivgaben all der Marienkirchen

Aus Maria Schnee in Aufhausen stammt die Marmorplastik „Mutter des Schmerzes und der Liebe". In inniger Umarmung neigt sich Maria zu ihrem Sohn. Es handelt sich dabei um eine Nachbildung des Gnadenbildes der Marianischen Kongregation in München.

Rosenkranzkettlerinnen im Bayerischen Wald bei der Arbeit. Das Auffädeln der Glasperlen, die in den umliegenden Glashütten hergestellt wurden, geschah oft in Heimarbeit in den Wintermonaten.

stehen, die es nicht nur in der Oberpfalz, sondern in ganz Bayern gibt? Im 14. und 15. Jahrhundert entfaltete die Marienverehrung ihre Hochblüte, zahlreiche Gnadenorte mit den entsprechenden Patrozinien entstanden. Sie tragen Namen wie Unsere Liebe Frau, Mariahilf, Mariä Heimsuchung und Mariä Himmelfahrt, aber auch Maria Schnee oder Maria Birnbaum.

Neben der Muttergottes sind es die populären Schutzheiligen, die beim Volk besonders beliebt waren und immer noch sind: der hl. Leonhard etwa, Schutzpatron fürs Vieh, insbesondere die Rösser, oder Sebastian, der als Pestheiliger gilt. An die hl. Walburga wenden sich seit jeher vor allem die Wöchnerinnen. Und die hl. Anna natürlich nicht zu vergessen, Mutter Mariens und Großmutter des Heilands. Einige Wallfahrtsstätten der Oberpfalz – Sulzbach und Mühlberg – sind ihr geweiht. Und wer gleich mehrere Anliegen hat und gewissermaßen „geballten" Schutzes bedarf, der kann zu den Vierzehn-Nothelfer-Kirchen pilgern, die es auf dem Möninger Berg und in Sackenried gibt.

Konkret führen all diese Pilgerwege immer hin zu einem ganz bestimmten Objekt, mit dem der Volksglaube die Heilswirkung und Wundertätigkeit direkt in Verbindung bringt: dem Gnadenbild. Es muss nicht immer eine gemalte Darstellung sein, gerade im Falle der Muttergottes kennen wir zahlreiche geschnitzte Gnadenbilder. In Tirschenreuth und Stadlern gibt es sogar „irdene" Figuren, also aus Ton modellierte. Der mirakulöse Charakter der Gnadenbilder, etwa ihr unerklärliches, plötzliches

Das Wallfahrtsmuseum in Neukirchen beim Hl. Blut, das Erste seiner Art in Bayern, informiert umfassend über alle Bereiche der Volksfrömmigkeit und der Wallfahrt: religiöses Brauchtum im Jahreslauf, christlicher Lebenslauf, Wallfahrtsbrauchtum und die Neukirchner Wallfahrt. Zahlreiche liturgische Geräte, Mirakelbücher, Votivbilder, Rosenkränze und Gebetbücher zeigen, was zu einer Wallfahrt gehörte und wichtig war.

Hinterglasbild aus dem Schwarzachtalmuseum in Neunburg vorm Wald, das eine reiche Sammlung der „Winklarner Schule“ aufbewahrt. In einigen Familien wurde dieses Kunsthandwerk von der Mitte des 18. Jahrhunderts bis zum Beginn des 20. Jahrhunderts ausgeübt. Dies gilt auch für die sogenannte „Neukirchener Schule“.

Fahnenspitze mit dem hl. Nikolaus aus Neukirchen beim Hl. Blut.

Auftauchen, wird in entsprechenden Ursprungslegenden über Jahrhunderte und Generationen hinweg weitergegeben. Man hört da von Bildnissen, die gegen alle Naturgesetze flussaufwärts schwimmen, um an jenen Ort zu gelangen, der ihnen anscheinend von der Vorsehung zugewiesen ist (Beispiel Mariaort bei Regensburg). Mehrfach belegt ist auch der Legendentypus des plötzlich in der Natur auftauchenden Gnadenbildes. Holzknechte sollen auf dem Eixlberg im Landkreis Schwandorf ein Bild der hl. Barbara auf einem Baumstumpf gefunden haben, und in der Nähe von Roding waren es Viehhirten, die in einer Bachquelle ein Marienbildnis entdeckten. Zum besonderen Status des Gnadenbildes gehört es, dass es gewissermaßen unantastbar und unversehrbar ist. In Neukirchen beim Heiligen Blut soll ein hussitischer Kämpfer versucht haben, die Madonnenfigur mit einem Säbelhieb zu spalten. Ihre Zerstörung gelang ihm ebenso wenig wie dem Ketzer, der in Trautmannshofen das Gnadenbild in ein Feuer warf. Dreimal kehrte es – ohne irgendwelche Brandspuren – an seinen ursprünglichen Platz zurück.

Solches muss man natürlich mit eigenen Augen gesehen haben. Das ganze mirakulöse Geschehen des Wallfahrtsaktes beruht letztlich darauf, dass der Pilger in direkten Kontakt mit der Gnadenstätte kommt. Nur deshalb nimmt er ja den oft tagelangen beschwerlichen Fußweg überhaupt auf sich. Oftmals lässt er auch ein unübersehbares Zeichen des Dankes für erfahrene Hilfe zurück. Davon künden die unzähligen Votivgaben, die früher die Wände jeder Wallfahrtskirche schmückten … an einigen Orten haben sich noch schöne, reiche Bestände davon erhalten (Lamberg bei Cham, Heilbrünnl bei Roding und vor allem das Votivtafelmuseum im Turm der Mariä-Heimsuchung-Kirche auf dem Habsberg). Mächtige Kerzen können das sein, verkrümmt und gebogen von der vergehenden Zeit … und manch zu sehr wärmendem Sonnenstrahl, der durchs Kirchenfenster fällt. Votivbilder und -tafeln gibt es kleinformatig als Hinterglasmalerei, aber auch als große Ölgemälde, dann meist gestiftet von einer größeren Pilgergruppe oder gar einer ganzen Stadt (siehe das große Votivbild auf dem Frohnberg, das ein wohlhabender Bürger der Stadt Amberg, nach dem überstandenen Bombardement im Spanischen Erbfolgekrieg stiftete). Besonders archaisch muten die sogenannten Gebildvotive an, das sind Silber-, Eisen- oder Holzminiaturen, die einzelne Gliedmaßen nachbilden, oder auch nur ein Auge, ein Herz, jene Körperteile halt, die dank Gebetserhörung wieder gesundet sind (zu sehen etwa in der Mariä-Himmelfahrt-Kirche in Weißenregen).

Das Verfertigen solcher Votivgaben konnte an Wallfahrtsorten mit starkem Pilgerandrang zu regelrechten Erwerbszweigen führen, die das Treiben rund um so einen Gnadenort zu einem lukrativen Geschäft machten. Herbergsbetreiber profitierten davon ebenso wie eben Votivbildmaler, Rosenkranzhersteller, Wachsstockzieher. Das alles lässt sich besonders am Beispiel von Neukirchen beim Heiligen Blut studieren, einer Marktgemeinde im Bayerischen Wald, die nicht nur selber ein bedeutender Pilgerort war und ist, sondern die vor allem das bayernweit erste Wallfahrtsmuseum beherbergt. Dort erfährt man viel von diesen eben nicht nur religiösen Aspekten des Phänomens Wallfahrt, sondern auch von seinen wirtschaftlichen und sozialen.

Über Jahrhunderte war das „Kirchfahren", um noch einmal das Wort von Aventinus zu benutzen, eben auch ein sozialer Akt von nicht zu unterschätzender Bedeutung. Es muss doch einen Grund gehabt haben, dass Aventinus betonen konnte, das Volk laufe „gern kirchferten", habe also durchaus – bei aller Anstrengung, Kasteiung und sittlicher Zucht – sein Pläsier

Altarpyramide mit Klosterarbeiten aus der Wallfahrtskirche Weißenregen. In der Mitte die Darstellung der Heiligen Familie.

In langer Kolonne, angeführt von einem Kreuzträger, pilgern die Wallfahrer betend und singend dem Amberger Mariahilfberg entgegen.

Die Veteranenwallfahrt vom 24. Juni 1901 auf den Mariahilfberg in Amberg war sowohl Wallfahrt als auch patriotische Veranstaltung. 168 Vereinsfahnen umrahmten den Altar, nach dem Gottesdienst wurde ein dreifaches „Hoch“ auf den Prinzregenten Luitpold ausgebracht.

dabei. Man darf nicht übersehen: Für die einfache Bauernbevölkerung war eine Wallfahrt, zumal wenn sie über mehrere Tage hinweg an einen weiter entfernten Ort führte, oft die einzige Möglichkeit, dem engen Horizont des eigenen Dorfes vorübergehend zu entfliehen, vor allem auch dessen strenger sozialen Kontrolle. Dass es immer gar zu gottesfürchtig während einer solchen Wallfahrt auf all seinen Etappen zugegangen ist, muss man nicht unbedingt glauben. Und auch wenn nichts direkt beichtspiegelmäßig Sündiges vorfiel, ein rechtes Abenteuer war es dennoch immer. Aber auch ein seltener Moment des alles übersteigenden Hochgefühls. Die altbairische Schriftstellerin Lena Christ hat in ihrer Autobiographie „Erinnerungen einer Überflüssigen“ ein lebendiges Bild davon gezeichnet. Als Jugendliche durfte sie einmal als weißgewandetes Pilgermädchen mit der Münchner Wallfahrerbruderschaft nach Altötting ziehen. Angesichts des folgenden Zitates sollte man sich vor Augen halten, wie der Alltag der 14-, 15-Jährigen normalerweise aussah: tagein, tagaus härteste Arbeit in der Gastwirtschaft der Eltern, Schläge und Verwünschungen von der Mutter, sexuelle Übergriffe durch die Gaststubenkundschaft. – Den letzten Tag der Wallfahrt nach Altötting beschreibt sie folgendermaßen: „Von Mühldorf aus gingen wir nach einem einfachen Frühstück zu Fuß nach dem Gnadenort, den wir gegen Mittag erreichten. Empfangen von dem Geläute sämtlicher Glocken, dem Jubel der Bewohner, der Geistlichkeit, des

„Heilige Leiber“ nennt man die Ganzkörper-Reliquien, die meist aus den Katakomben Roms stammen. Kunstvoll verziert mit Gold- und Silberfäden, Perlen und unechten Edelsteinen erinnern sie daran, dass die Märtyrer mit Leib und Seele Zeugnis abgelegt haben für Christus. Dieses Foto stammt aus der Pfarr- und Wallfahrtskirche Mariä Himmelfahrt in Tirschenreuth.

ansässigen Ordens und einer Musikkapelle, betraten wir den geweihten Ort und begrüßten die Gnadenvolle (die Schwarze Madonna von Altötting), ein jeder nach Drang des Herzens oder Größe des Kummers, den er hier am Gnadenaltar niederlegen wollte. Meiner hatte sich eine fast überirdische Stimmung bemächtigt."

Es gibt noch einen zweiten bayerischen Schriftsteller, einen bekennenden Katholiken und gleichwohl dezidierten Kirchenkritiker, gegen den, gemeinsam mit Heinrich Böll und Rolf Hochhuth, sogar einmal ein Hirtenbrief in den 1960er-Jahren von den Predigtkanzeln herunter verlesen wurde. Nichtsdestotrotz hat Carl Amery gegen Ende seines reichen Schriftstellerlebens noch einmal einen umfangreichen Roman ausschließlich unserem Thema gewidmet … es ist eines der bedeutendsten Bücher der bayerischen Literaturgeschichte überhaupt. Es trägt den schlichten Titel „Die Wallfahrer". Und es enthält neben grandiosen Beschreibungen dieses, das bayerische Leben so besonders prägenden volksreligiösen Brauches auch eine kurz gefasste Formel, die es genau auf den Punkt bringt, was diese Form der Pilgerschaft eigentlich bedeutet: „Wallfahrt! Altes, mächtiges Bild für unser Dasein auf Erden. Gleichnis insbesondere für den Christenmenschen, der Pilger ist; das heißt ein verbanntes Kind Evas, stolpernd über die Fluren und Äcker der Fremde."

Votivbild aus der Lamer-Kapelle in Warzenried, das im Neukirchener Wallfahrtsmuseum aufbewahrt wird. Es steht stellvertretend dafür, dass Wallfahrten früher oft über Grenzen hinweg unternommen wurden.
Die Madonnen von Neukirchen, Altötting und Příbram wachen über die Kirche auf dem heiligen Berg Příbram in Böhmen.

Rosenkranz aus dem Stiftlandmuseum in Waldsassen, das eine umfangreiche Sammlung religiöser Zeugnisse beherbergt.

Am 21. April 1685 kommt von einem hochfürstlichen Consistorio zu Regensburg der Bescheid, in der Nähe von Waldsassen „anstatt voriger, eine neue, größere und schönere Kapellen der allerheiligsten Dreyfaltigkeit aufzubauen...“

Landkreis TIRSCHENREUTH

STEINERNES SINNBILD DER DREIFALTIGKEIT

Große Kappl bei Waldsassen

Auch wenn sie nicht wahr sein sollte, erfunden wäre sie auf alle Fälle gut, die Geschichte, wie der hoch angesehene Georg Dientzenhofer auf die Idee zu diesem genialen Baukörper kam, den „die Kappl“ auf dem Glasberg bei Münchenreuth darstellt. Die Aufgabenstellung durch die Zisterzienser vom Kloster Waldsassen, die schon im 12. Jahrhundert den Glasberg zur Gewinnung von Weideplätzen gerodet hatten, war klar: Sie wünschten sich an dieser Stelle ein Stein gewordenes Sinnbild der Heiligen Dreifaltigkeit. Am Ufer der Wondreb soll Dientzenhofer in Gedanken über einen möglichen Bauplan entlangspaziert sein, als er einen einzelnen Weidenstock sah, aus dem drei starke Stämme herauswuchsen. „Drei und doch eins, so will ich die Kirche bauen!“ soll er ausgerufen haben.

Den Wurzelstock, wenn man so will, stellt der dreipassförmige Grundriss der Kirche dar. Drei Exedren – halbrunde Nischenräume also – bilden ein gleichseitiges Dreieck. Jede einzelne Exedra mit einer raumhohen Altarnische ist von einer Kuppel überwölbt, über den Schnittpunkten der Kuppelräume erheben sich drei Rundtürme mit Zwiebelhauben – das wären demnach die drei starken Stämme, die aus diesem Wurzelstock herauswachsen. Sie sind das Stilelement, das die Fernwirkung des gesamten Bauwerkes ausmacht: Egal aus welcher Himmelsrichtung und Perspektive der Blick auf das Bauwerk fällt, jeder wird es sofort wiedererkennen: Das ist die Kappl, das inoffizielle Wahrzeichen der nördlichen Oberpfalz.

Zu den Ursprüngen der Wallfahrt heißt es, dass schon jene Hirten, die für das Kloster Waldsassen das Vieh auf dem Glasberg hüteten, ein Bild der Dreifaltigkeit an einen großen Baum angebracht hätten. Bald wurde diesem Gnadenbild Wundertätigkeit zugesprochen. Erst barg man es in einem Bildstock, später folgte eine Kapelle aus Holz, noch später ein erstes gemauertes Kirchlein. Es soll in den Hussitenkriegen zerstört worden sein. Erstmals urkundlich erwähnt wird die Wallfahrt 1527. Mit der Rekatholisierung erlebte sie ab 1626 wieder einen mächtigen Aufschwung, der Kirchenneubau, der solche Furore machte, erfolgte dann 1685 bis 1689. Er wurde übrigens um und über das bestehende Kirchlein gemauert, der Wallfahrtsbetrieb sollte möglichst wenig gestört werden. Erst als das Mittelgewölbe eingezogen war, riss man das Vorläuferkirchlein ab. Die Kappl erstrahlte nun in makelloser, wohlproportionierter Pracht, ein wahrer Geniestreich Georg Dientzenhofers, von dem weiß Gott noch viel zu erwarten gewesen wäre, wäre er nicht schon mit 45 Jahren verstorben.

Heute gilt die Kappl als das Paradebeispiel eines barocken Zentralbaus ... 1803 hätte man die „Nebenkirche“ jedoch beinahe abgerissen. Durch die Auflösung des Klosters Waldsassen im Zuge der Säkularisation drohte die Wallfahrtskirche zu veröden. Lediglich dem vehementen Einsatz des Vikars der Münchenreuther Pfarrstelle ist es zu verdanken, dass diese Perle sakraler Baukunst noch steht. Sogar den schweren Brand von 1880 überstand sie. Unter anderem wurden dabei die barocken Deckengemälde zerstört, Oskar Martin-Amorbach sorgte in den Jahren 1934 bis 1940 für eine Neuausmalung.

Genial die Architektur, beeindruckend der Sakralraum. Weil Georg Dientzenhofer „kein gewisse Besoldung nit begehrt hat, sondern sich mit dem Gesöllengehalt hat begnügen lassen“, erhielt er für seine Arbeiten nur ein bescheidenes Salär. Sein Skizzenbuch mit dem Grundriss wird im Bayerischen Nationalmuseum aufbewahrt.

Zuvor in schlechter Hütten
verrichten ihr gebett
die brüder so da hüetten
für sich und ihre Heerd
darauf half Gott gefallen
zu helfen gnädiglich
allen, so daher wallen
für andere und für sich

„HEILIGE LEIBER“ AUS DER EWIGEN STADT ROM

St. Sebastian, die „Kleine Kappl“ bei Ottengrün

Kappel oder Kappl ist die „mehr auf deutsche Art betonte Form des sonst üblichen Capelle“, was sich von dem lateinischen Wort „capella“ ableitet. Diese interessante Erläuterung kann man beim Oberpfälzer Wortklauber Johann Andreas Schmeller in dessen Bayerischem Wörterbuch nachlesen, und dann wundert es einen auch nicht mehr, dass es in der Oberpfalz gleich mehrere verschiedene Kappln gibt … bezeichnen sie doch nichts anderes als Kapellen. Die „Große Kappl“ bei Waldsassen kennt jeder. Schon weniger bekannt sind Unter- und Oberkappl, zwei Wallfahrtskirchen im Stadtgebiet von Maxhütte-Haidhof. Und nur den Eingeweihten etwas sagen dürfte die „Kleine Kappl“ im Gemeindebereich des Marktes Neualbenreuth. Das ist nur scheinbar ganz am „Ende der Welt“, schon in unmittelbarer Nähe der bayerisch-tschechischen Grenze. Hier liegt einer der geografischen Mittelpunkte Europas. Eine Granitstele am westlichen Abhang des tschechischen Dyleň-Berges (Tillenberg) markiert ihn.

Im sogenannten Fraischgebiet ist man hier. Früher wechselten im Jahresturnus die Herrschaftsansprüche: Mal gehörte man zum Kloster Waldsassen, dann wieder zur Stadt Eger. Relativ unbeeindruckt davon blieben die Wallfahrer. Sie pilgerten zu ihrem hl. Sebastian, dem Schutzpatron gegen die Pest, ganz gleich, ob nun „sein Haus“ unter kurpfälzischem Regiment – Waldsassen kam 1465 unter pfälzische Herrschaft – oder unter egerischem stand. Apropos „sein Haus“: Errichtet wurde der Saalbau mit dem Schindeldachreiter über dem Presbyterium anstelle eines Kirchturms 1725 bis 1727. Und zwar an jener Stelle, an der zuvor eine Schlosskapelle gestanden hatte, die die Laminger, ein altes Oberpfälzer Adelsgeschlecht mit Besitzungen bis hinein ins böhmische Chodenland, Mitte des 15. Jahrhunderts hatten erbauen lassen. Die Stifter der neuen Kirche waren der Gutsbesitzer Franz Joseph Werndl von Lehenstein mit seiner Gattin Maria Sophia – ihr Familienwappen ist über dem Westeingang angebracht. Der Sohn des Stifterpaares unternahm eine Romreise und brachte von dort Reliquien mit. Unter anderem den Heiligen Leib des Märtyrers Felix, der – so die Überlieferung – für seinen Glauben im Kolosseum der Ewigen Stadt gestorben sein soll. Sein Skelett ist in einem Glasschrein auf der Mensa des Nebenaltars bei der Chornordwand zu sehen, geschmückt mit Filigranarbeiten – Blumenblüten und Palmwedel imitierend –, die aus Perlen, Edelsteinen, Gold- und Silberdraht gefertigt sind. Diese zutiefst barocke Märtyrerverehrung in Gestalt solcher ausgestellter Ganzkörperreliquien findet man auch in der Basilika von Waldsassen. Das Retabelgemälde am Hochaltar zeigt übrigens nicht das eigentliche Gnadenbild. Dieses befindet sich in der Mittelnische der Langhausnordwand und war vielleicht nur als Vorstudie zum jetzigen Altarbild gedacht. Beide Gemälde geben sich jedenfalls deutlich als Kopien einer Arbeit zu erkennen, die der bedeutende Münchner Hofmaler Hans von Aachen für die Michaelskirche gemalt hat; ihr Titel ist „Das Martyr des St. Sebastian“. Links und rechts vom Hauptaltar sind noch zwei lebensgroße Figuren zu sehen, zum einen der als weiterer Pestpatron verehrte hl. Rochus, und zum anderen die hl. Rosalia, die als Einsiedlerin auf dem Monte Pellegrino auf Sizilien gelebt haben soll. Sie kommt eher selten in bayerischen Kirchen zur Darstellung … in der kleinen, bemerkenswerten St.-Sebastians-Kirche von Ottengrün aber schon!

Die seltene Darstellung des Erzengels Raphael mit dem Fisch, den Tobias, Sohn des Tobit, gefangen hat.

Das eher unscheinbare Äußere der Kirche lässt nicht erahnen, welch überraschender Reichtum des Rokokos den Besucher im Inneren erwartet.

Alljährlich im September wallfahren Trachtengruppen, darunter viele in Egerländer Tracht, von Neualbenreuth aus zur „Kleinen Kappl“.

EIN GNADENBILD AUS HAFNERTON

Schmerzhafte Muttergottes in Tirschenreuth

Wer heutigentags zur Schmerzhaften Muttergottes von Tirschenreuth pilgern will, der muss die Pfarrkirche der Kreisstadt aufsuchen. Er kann dann vom rechten Seitenschiff aus in eine Wallfahrtskapelle eintreten, 1722/23 wurde sie dem Langhaus hinzugefügt. Zu diesem Zeitpunkt stand aber die Pfarrkirche schon 250 Jahre, nach dem verheerenden Stadtbrand von 1475 war sie neu aufgebaut worden. Doch wie kommt es, dass die Pfarrkirche nun zusätzlich noch Gnadenort wurde und wundersame Wirkmächtigkeit entfaltete? Ihren Ursprung jedenfalls hat die Tirschenreuther Wallfahrt an einer anderen Stelle. Sie ist im Stadtgebiet am sogenannten Murschrottbrunnen zu suchen. Hier hat man über einer Quelle eine winzige Kapelle errichtet. Über dem Türbogen, durch den man näher an das Wasser herantritt, steht geschrieben: „Ursprung der Wallfahrt 1692“.

In diesem Jahr soll es nämlich gewesen sein, dass ein Tirschenreuther Schuhmacher namens Johann Zottmayer gelobte, er werde der Muttergottes ein Gnadenbild zur allgemeinen Verehrung stiften, wenn nur wieder seine Lieben gesund würden. Vier Personen der Familie waren nämlich an einem „hitzigen Fieber“, wahrscheinlich Typhus, erkrankt. Und tatsächlich wurden sie wieder gesund. Zottmayer säumte nicht, nun auch wirklich einen Tirschenreuther Hafnermeister zu beauftragen, ein Madonnenbildnis zu fertigen. Es wurde eine Pietà-Darstellung, die Adam Beer, so nämlich hieß der Hafner, aus jenem Ton modellierte, aus dem er normalerweise „Hafen“, also Schüsseln und Geschirr, herstellte. Die Tirschenreuther Madonna ist also neben „Unserer Lieben Frau aus Ton gebrannt“ in Stadlern das zweite seltene Beispiel eines „irdenen“ = tönernen Gnadenbildes. Es zeigt die Muttergottes mit einem von der Krone auf ihrem Haupt ausgehenden, weit ausgebreiteten Mantel, wie sie den Gekreuzigten hält.

Anbringen ließ Zottmayer das Bildnis an einer Linde neben dem Murschrottbrunnen. Mindestens zwei weitere wundersame Heilungen sind daraufhin belegt. Ein Brillenmacher aus Rötz, der – nichts Ungewöhnliches zu damaligen Zeiten – sich an verunreinigtem Wasser infiziert hatte, genas ebenso wie ein halbseitig gelähmter Handwerksbursch aus Tirschenreuth. Letzterer stiftete dem Gnadenbild ein paar Wachskerzen … und konnte plötzlich wieder alle Glieder bewegen. Es war also das Gnadenbild, das wundertätig wirkte, nicht etwa das Wasser der Murschrottquelle. Deshalb konnte man auch den Ort wechseln. Denn als nun die Wallfahrt immer beliebter wurde, nahm man das Gnadenbild und brachte es erst in die Friedhofskapelle und schließlich in die eigens dafür errichtete Seitenkapelle der Pfarrkirche. Hier hat es nun seinen endgültigen Platz gefunden, in einem Glasschrein auf dem Rokokoaltar. Links und rechts beigegeben sind zwei „Heilige Leiber“, nämlich die Skelette der Märtyrer Silvan und Urban. Ein passender Ort also für die immerwährende Anbetung der Schmerzhaften Muttergottes, denn in der Tat achten die Pfarreimitglieder darauf, dass Tag und Nacht mindestens eine betende Person in der Wallfahrtskapelle ist.

Pestsäule aus der Mitte des 18. Jahrhunderts mit der thronenden Dreifaltigkeit und darunter Maria Immaculata und die Heiligen Nepomuk und Franziskus.

Der gotische Flügelaltar mit der Kreuzigung Christi ist das beeindruckendste Kunstwerk der Kirche. Er stand bereits 1489 in der alten Pfarrkirche. Seit 1982 ist er wieder als Hochaltar aufgebaut.

Ölberggrotte mit lebensgroßen Figuren aus Granit an der Ostfassade der Kirche.

Altar der Gnadenkapelle mit dem Gnadenbild im Glasschrein, das 1723 hier seinen Platz gefunden hat.

ANFÄNGLICH HEILIGE MESSEN UNTERSAGT

Zum Gegeißelten Heiland bei Bärnau

Der Weg zur Steinbergkirche bei Bärnau, er führt durch ein leider viel zu selten gewordenes Naturdenkmal. Denn wo gibt es noch eine solch wunderbare Allee mit solch gewaltigen Baum-Methusalems. Es sind Linden- und

Ahornbäume, die man vor über 200 Jahren gepflanzt hat und die nun als Steinberg-Allee hinauf zum Gnadenort führen. Sie spenden Schatten für die aus Granit gearbeiteten Stationen eines Kreuzwegs. Vor der Zeit von Allee und Kreuzweg erwartete die Pilger auf dem Steinberg lediglich eine Holzkapelle. Die Erlaubnis zum Bau einer gemauerten Wallfahrtskirche erhielten die Bürger von Bärnau erst 1764, allerdings mit der Einschränkung durch die Regensburger Diözesanleitung, dass in dem zu errichtenden Gotteshaus keine heiligen Messen abgehalten werden durften. Dies als weiteres Beispiel dafür, wie wenig gelitten oft das Wallfahrtswesen bei den Kirchenoberen war. Sie fürchteten um eine geregelte Seelsorge ebenso wie um notwendige Einnahmen.

Nur: Die Bärnauer ließen sich nicht abhalten von ihrem Bedürfnis nach einem Pilgerort. Ursprünglich waren sie ja in das 1693 gegründete Paulanerkloster in der Nähe von Tachau (heute Tachov) gewallfahrtet. Das waren nur wenige Kilometer Fußstrecke für die Gläubigen aus der Stadt unmittelbar an der bayerisch-böhmischen Grenze. Der Überlieferung nach soll eine verheerende Feuersbrunst vom 21. August 1685 der Auslöser gewesen sein. Unter dem Eindruck dieses schrecklichen Ereignisses gelobte man, fortan alljährlich eine Wallfahrt zu machen. 1752 kam es dann zum Bau der oben schon erwähnten kleinen Holzkapelle, die sich bald zu einer beliebten Gebetsstätte entwickelte. Das fügte sich insofern gut, als das Kloster bei Tachau bald darauf die Seelsorge aufgab. 1787 wurde es durch den Habsburger Kaiser Joseph II. aufgelöst.

Genau in diesem Jahr erfolgte auch die Weihe des Neubaus der Steinbergkirche: ein einfacher Saalbau zu drei Jochen mit einem eingezogenen, dreiseitig geschlossenen Chor. Einen Turm hat die Kirche nicht, nur einen Dachreiter. Das Gnadenbild des gegeißelten, an eine Martersäule geketteten Heilands ist in den Hochaltar integriert. Und zwar interessanterweise so, dass es vor einer größeren Madonnenfigur steht, mit weit ausgebreitetem Mantel, ziemlich genau auf Höhe des Unterleibs. Man könnte es also auch so sehen und verstehen, dass die Muttergottes den Gegeißelten bereits in ihrem Leib birgt und austrägt.

Das Vorbild dieser speziellen Darstellung ist das Gnadenbild des gegeißelten Heilands in der Wieskirche im bayerischen Steingaden. Man spricht auch vom „Wiesheiland". Dieser genoss im bayerischen Raum und in Österreich große Verehrung. Es heißt, der Bärnauer Geißelheiland sei von einem Schmiedgesellen aus Niederösterreich ins Stiftland gebracht worden. Jedenfalls wechselte damit der Haupttitel der Bärnauer Wallfahrtskirche. Im Paulanerkloster bei Tachau hatte man noch die 14 Nothelfer verehrt. Als Reminiszenz daran kann verstanden werden, dass in den Stichkappen des Langhausgewölbes der Steinbergkirche eben diese 14 Nothelfer dargestellt sind.

Dem Inneren der Steinbergkirche sieht man bereits den Wandel vom Rokoko hin zum Klassizismus an, Weiß und Gold herrschen vor. Der Hochaltar aus der Erbauungszeit weist eine überlebensgroße Kreuzigungsgruppe mit Christus und der Mater Dolorosa auf. Alljährlich im Juli begehen die Bärnauer das Steinbergfest, pilgern hinauf auf den Berg und feiern die Messe am Freialtar.

ALLES IM ZEICHEN DES KREUZES

Kreuzbergkirche in Wiesau

Auf einer Anhöhe über dem Markt Wiesau liegt die Kreuzbergkirche. Es führt ein geschwungener Weg zu ihr hin, mit Kreuzwegstationen und einer Treppe mit 33 Stufen, soviele wie Jesus Jahre alt wurde. Letztere ist beiderseits gesäumt von lebensgroßen Granitfiguren. Sie stellen allesamt den Heiland auf seinem Leidensweg dar: Am Ölberg, bei der Gefangennahme durch die Schergen von König Herodes, an der Geißelsäule, bei der Krönung mit der Dornenkrone, bei der sogenannten „Schaustellung Christi" vor dem spottenden Volk von Jerusalem sowie zuletzt beim Tragen des Kreuzes. Am oberen Absatz der Treppe steht eine Kalvarienberggruppe mit drei Kreuzen. Wie überhaupt gesagt werden muss: Die Kreuzsymbolik ist es, die den gesamten Gnadenort bestimmt. So findet man sie auch im Grundriss der heutigen Kreuzbergkirche wieder: Mit den beiden aus der Flucht der nördlichen und südlichen Langhausseiten hervorspringenden Kapellenanbauten sowie der an den Chor angebauten Sakristei ist die Gestalt eines Kreuzes nachgezeichnet.

Errichtet wurde die Kreuzbergkirche von 1657 bis 1661, und zwar als Nachfolgebau eines Kirchleins, das bereits kurz nach 1500 ein erstes Mal urkundlich erwähnt ist. Dieses Kirchlein wurde in der Reformationszeit abgebrochen. Das Tonnengewölbe des Nachfolgebaus zieren Deckengemälde mit ungewöhnlichem Bildprogramm: Im Chor ist Christus auf einer Art Triumphwagen zu sehen, wie er ungebremst über den Teufel und eine Schar personifizierter Laster im wahrsten Sinne des Wortes hinwegfährt. Im Langhaus selbst dominiert wieder ganz die Kreuzsymbolik. Die Szenerien, die dargestellt werden, sind im einzelnen: die sogenannte Kreuzauffindung, bei der Helena, die Mutter des römischen Kaisers Konstantin, im Heiligen Land das unter einem Heidentempel verschüttete Kreuz wiedergefunden haben soll, an dem Jesus starb. Legendengeschichtlich daran an schließt sich die „Kreuzeserhöhung". Demnach soll es Kaiser Heraklius von Byzanz gewesen sein, der dafür sorgte, dass das wieder entdeckte Kreuz in Jerusalem einen sakralen Aufbewahrungsort bekam. Und in der kleinen Kuppel des mittleren Langhausjoches dann die Verherrlichung des Kreuzes beim anbrechenden Jüngsten Gericht. In den Seitenkapellen ist das Bildprogramm fortgesetzt. In der nördlichen mit der Kreuzvision des Kaisers Konstantin … sie ließ ihn sicher sein, „in hoc signo vinces", in diesem Zeichen wirst du siegen, nämlich bei seinem Eroberungszug auf Rom. In der südlichen Seitenkapelle schließlich noch die Verehrung des Kreuzes auf den damals bekannten vier Erdteilen.

Selbstverständlich ist die Kreuzesthematik auch in der Gestaltung des Hauptaltares zu finden, etwa mit dem Altarblatt „Aufrichtung des Kreuzes". Geschaffen wurde der Altar übrigens von Johann Karl Stilp, jedem bekannt, der sich näher mit dem Kloster Waldsassen befasst hat. Denn die wunderbaren lebensgroßen Holzfiguren in der dortigen Klosterbibliothek stammen von ihm. Nur zwei Jahre, nachdem er diese genialen Allegorien für alle Berufe schuf, die mit der Buchherstellung zu tun haben, vollendete er Haupt- und Seitenaltäre der Kreuzbergkirche in Wiesau.

Schriftliche Quellen über die Entstehungszeit der Granitfiguren finden sich nicht. Man vermutet, dass sie im Zusammenhang mit dem Kreuzweg um 1735 geschaffen wurden.

Die Kreuzbergkirche mit der kräftigen Farbgestaltung und den mächtigen Bäumen beherrscht das Ortsbild von Wiesau.

Die Lourdesgrotte unterhalb der Kirche wurde 1909 von Mitgliedern des Verschönerungsvereins Wiesau geschaffen.
Das Bild des Hochaltars zeigt die Kreuzigung Christi. Links die Figur der Kaiserin Helena, rechts die hl. Veronika mit dem Schweißtuch.

BRENNENDE LICHTER BEI DER LINDE

Maria Hilf in Fuchsmühl

Der Baukörper der Wallfahrtskirche Maria Hilf ist so ungewöhnlich und auffällig, dass es nicht Wunder nimmt, dass er auch das Ortswappen der Marktgemeinde Fuchsmühl am südöstlichen Rand des Naturparks Steinwald prägt. Ungewöhnlich einmal wegen seines hoch gestreckten Langhauses und dem steilen Satteldach, vor allem aber wegen der abgeflachten beiden Türme. Ursprünglich waren sie einmal höher. Doch da es mehrfach zu gravierenden Sturmschäden gekommen war, trug man sie schließlich auf die heutige Höhe ab und deckte sie mit flachen Zeltdächern.

Die Wallfahrt nach Fuchsmühl ist schon sehr alt. 2013 beging man das 325-jährige Jubiläum. Ursprünglich war eine kleine Kapelle das Ziel der Pilger. Sie soll an jener Stelle gestanden sein, wo sich heute die Gnadenkapelle befindet, ein Seitenanbau an die Fuchsmühler Kirche. Über der Öffnung zur Gnadenkapelle an der Mauer des Langhauses befindet sich ein Wandgemälde, das die Gründungslegende „erzählt". Demnach war es der Hofmarksherr von Fuchsmühl, Freiherr Christoph Daniel von Froschheim, der eines Tages auf dem Heimritt zu seinem Meierhof bei Herzogöd in einer Linde zwei brennende Lichter sah. Er verstand sie als Aufforderung, just an dieser Stelle ein Kirchlein zu stiften. Doch er selber erfüllte das Gelübde nicht, so dass er es an seinen Sohn Franz Heinrich weitergab. Der erbaute 1688 eine kleine Kapelle und stiftete das Maria-Hilf-Gnadenbild dazu, das deutliche Ähnlichkeit mit dem berühmten Marienbild von Lukas Cranach dem Älteren aufweist. Dieses ist ja oftmals kopiert worden, auch im ehemaligen Kapuzinerkloster auf dem Hügel der Passauer Innstadt hängt eine solche Kopie. Franz Heinrich von Froschheim, heißt es, soll sein Marienbild extra nach Passau gebracht haben, um es mit dem dortigen Gnadenbild „in Berührung" zu bringen.

Die Wundertätigkeit war damit, so glaubte man wohl, zweifelsfrei übertragen. Jedenfalls erlebte die Fuchsmühler Wallfahrt sofort einen mächtigen Aufschwung. Nur zwei Jahre, nachdem die erste Kapelle gebaut worden war, musste sie bereits erweitert werden. Auch die zweite Kapelle erwies sich bald als zu klein. 1710 ging man daran, die Baugrube für die jetzige große Wallfahrtskirche auszuheben. Zu diesem Zeitpunkt hatte man aber noch gar keine Genehmigung für einen solchen Bau. Die Fuchsmühler, heißt es, seien schon immer ein Volk mit höchst eigenem Kopf gewesen, wenig beeindruckbar von Obrigkeiten … ein Umstand, den die tragisch geendete „Fuchsmühler Holzschlacht" nur allzu deutlich unterstreicht. Jedenfalls: Die Grundsteinlegung verzögerte sich um zwei Jahre, 1726 – nachdem weitere Geldmittel von den Wallfahrern selbst hinzukommen hatten müssen –, erfolgte schließlich die Kirchenweihe durch den Bischof von Regensburg. Die Wallfahrt ist nach wie vor sehr beliebt, auch wenn der „Petersschwarm" aus natürlichen Gründen immer kleiner wird: In dieser nach dem Apostel benannten Prozession zogen früher bis zu 6000 Kriegsheimkehrer und ihre Angehörigen an Christi Himmelfahrt zur Fuchsmühler Muttergottes.

Früher wurde die Wallfahrt von den Augustinern betreut. Seit 2010 wirken in Fuchsmühl indische Patres der Vinzentiner und kümmern sich um die Wallfahrt ebenso, wie um das jedes Jahr stattfindende Ritafest.

AVE MARIA

RUNDBAU AUF EINEM BASALTKEGEL

Heiligste Dreifaltigkeit auf dem Armesberg

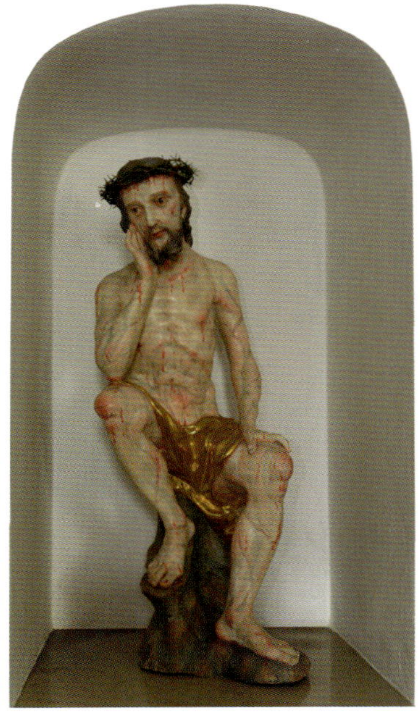

Fünf Kilometer nordöstlich von Kemnath erhebt sich am Rand des Steinwaldes der 731 Meter hohe Armesberg. Er ist – ähnlich wie der Parkstein und der Rauhe Kulm – ein Zeuge des Oberpfälzer Vulkanismus. An der Südwestflanke des Berges gibt es ein ausgedehntes Basalt-Trümmerfeld, ein Hinweis darauf, dass hier durch einen Aufstiegskanal (= Vulkanschlot) Lava ausgetreten ist … vor 24 bis 20 Millionen Jahren, im Jungtertiär nämlich. Der so entstandene Basaltkegel verlangte in weit späteren Zeiten – da war er schon längst bewaldet – geradezu nach einer besonderen „Bekrönung". Eine nicht näher belegte Raubritterburg wird schon für das Mittelalter angenommen. Urkundlich gesichert ist auf alle Fälle ein erster Kapellenbau für das Jahr 1678. Es gibt eine Handzeichnung im Armesberger Urbar von 1675, untertitelt mit „Die Kirchen auf dem berg armes wie sie hätte sollen erbauet werden". Sie zeigt eine dreipassförmige Anlage mit drei Kuppeldächern … ein Plan, der wegen bautechnischer Probleme so nie zur Ausführung kam. Dennoch wird spekuliert, ob dieser unausgeführte Plan nicht vielleicht Georg Dientzenhofer zu seiner Großen Kappl bei Waldsassen inspiriert haben könnte, gewisse Übereinstimmungen mit der Armesberg-Zeichnung sind jedenfalls nicht zu leugnen.

Als Stifter der Kirche wird Pfarrer Christoph Arckhauer aus Kulmain genannt. Dass er sie unter das Patronat der Heiligen Dreifaltigkeit gestellt sah, hängt unter anderem mit einer alten Überlieferung zusammen: Auf dem Armesberg sollen seit jeher drei mysteriöse große Feuer gelodert haben. Man entschied sich schließlich für einen einfachen Rotundenbau mit Kuppeldach und offener Laterne. Dieses erste Armesberg-Kirchlein wurde 1819 vom Blitz getroffen und brannte nieder. Zuvor war es schon – als Folge der Säkularisation – kaum mehr als Sakralraum genutzt worden. Es gab Pläne, die Kirche zum Schulhaus umzubauen. Unter Einbeziehung weniger verbliebener Mauerteile errichtete man von 1822 bis 1836 wieder einen Rundbau mit Kegeldach, im Westen stellte man ihm einen aus unverputzten Werksteinquadern gemauerten Turm voran. Der Hauptaltar im Inneren stammt übrigens aus jener dem hl. Michael geweihten Kapelle vom Anfang des 18. Jahrhunderts, die einmal zusätzlich zur Dreifaltigkeitskapelle etwas unterhalb der Bergkuppe am Armesberg stand. Auch sie fiel 1841 einem Brand zum Opfer, nachdem sie allerdings schon geraume Zeit kaum mehr genutzt worden war. Man hatte das Bauwerk für völlig verschwunden gehalten, ehe man 1999 Reste von Fundament, Sockel und Fußboden ausgegraben hat.

Um die Kirche herum, die über einen langen Treppenaufgang zu erreichen ist, stehen granitene Kreuzwegstationen. Der Armesberg mit seinen Aussichtsmöglichkeiten auf das Fichtelgebirge und das Kemnather Land ist ideal für alle Wanderfreunde. Über seine Kuppe hinweg führt ein Geologischer Lehrpfad. An mit Infotafeln bestückten Stationen kann man zum Beispiel die verschiedenen Gesteinsarten der Region studieren. Das sogenannte Mesnerhaus lädt an Sonn- und Feiertagen als Gaststätte zum Verweilen ein.

Die eindrucksvolle Plastik „Christus in der Rast" und der Seitenaltar mit dem hl. Georg als Drachentöter.

Während des Winters herrscht Ruhe auf dem Armesberg. Die Wallfahrtssaison beginnt am 1. Mai und wird Ende Oktober abgeschlossen. Deckenfresko mit der Krönung Mariens und Hochaltar, der noch aus der alten Michaelskirche stammt.

Weithin grüßt sie ins Land, die Wallfahrtskirche St. Quirin auf dem Botzerberg in der Nähe von Püchersreuth.

Landkreis NEUSTADT an der WALDNAAB

AKANTHUSRANKEN UM DAS PFINGSTWUNDER

St. Quirin bei Püchersreuth

Das Gnadenbild der Wallfahrtskirche St. Quirin auf dem Botzerberg bei Püchersreuth stellt ein farbkräftiges Figurenrelief dar, das eine Szene aus dem Leben des hl. Quirin erzählt. Als römischer Tribun war Quirinus auch zuständig für die Bewachung verfolgter Christen, die in den Kerkern des Kolosseums auf ihren Märtyrertod warteten. Die Glaubensfestigkeit und Schicksalsergebenheit, mit der sie diesem Schicksal entgegengingen, beeindruckte Quirin zutiefst. Der Legende „Aurea" des Jacobus de Voragine nach soll einer seiner Gefangenen Papst Alexander gewesen sein (zugrunde liegt jedoch eine Verwechslung mit dem Märtyrer Alexander von Rom). Quirin hatte großes Interesse an Gesprächen mit ihm. Als der Papst Quirins Tochter Balbina von einem Kropfleiden heilte, trat der ehedem heidnische Tribun zum christlichen Glauben über. Als dies bekannt wurde, kam es zum Schauprozess. Quirin starb nach grausamer Marter.

Das Gnadenbild mit der Heilung Balbinas wurde zunächst von Bauern in einer kleinen, aus Holz gezimmerten Kapelle aufbewahrt und verehrt. Heute steht an deren Stelle – etwa 300 Meter von der Wallfahrtskirche entfernt – die sogenannte Quirin-Marter, eine vier Meter hohe, quadratische Steinsäule. Die kleine Holzkapelle, die bis in die erste Hälfte des 17. Jahrhunderts stand, war selbst durch die Zeit der Reformation hindurch Ziel nicht mehr abreißender Pilgerströme. Unter Fürst Wenzeslaus Lobkowitz wurde 1629/30 auf dem Botzerberg ein Steinbau errichtet, der 1680 von Fürst Ferdinand von Lobkowitz zur heutigen Wallfahrtskirche umgebaut wurde. Geweiht wurde sie vom Bischof von Leitmeritz, also dem obersten Würdenträger einer böhmischen Diözese.

St. Quirin, nur wenige Kilometer von der Grenze entfernt, ist schon immer eine Brücke zwischen Bayern und Böhmen gewesen. Die wechselweisen Fußwallfahrten von Püchersreuth nach Chlum Svaté Maří (deutsch: Maria Kulm), die eine lange Tradition hatten, sind seit dem Fall des Eisernen Vorhangs wieder aufgelebt. Der böhmische Einfluss lässt sich auch an der Innenausstattung festmachen. Der Hochaltar im Presbyterium ist als Akanthusaltar gestaltet, eine Sonderform des Barockaltars, die man vor allem entlang des alten Handels- und Kulturweges der Goldenen Straße findet. Jahrhundertelang war sie zwischen Nürnberg und Prag das bayerisch-böhmische Bindeglied.
Die Besonderheit am St. Quiriner Hochaltar ist, dass die geschnitzten Akanthusranken und -blüten ein mächtiges Hufeisen rund um den Altar herum bilden. Das Altarbild allerdings ist gar nicht das Gnadenbild, sondern der Maler Michael Konrad Hirt hat hier das Pfingstwunder dargestellt, die Ausschüttung des Heiligen Geistes über Maria und die Apostel. Der eigentliche Wallfahrtsaltar ist der rechte Seitenaltar. Hier ist in einer Glasvitrine das Figurenrelief geborgen. Petrus und Paulus als Seitenfiguren weisen darauf hin.

Einmal im Jahr findet, zum Franziskusfest, eine Tiersegnung durch Pfarrer Manfred Wundlechner statt. Nicht nur kleine „Zamperl" werden in die Kirche getragen, auch Katzen sind dabei, und vor der Kirche warten die Pferde.

Der Hochaltar mit dem Pfingstwunder, der Ausgießung des Heiligen Geistes über Maria und die Apostel, ist einer der schönsten Akanthusaltäre weit und breit. Sehenswert sind auch die Seitenaltäre, der Schrein mit einer Reliquie des hl. Quirinus, die im Jahre 2000 von Weihbischof Dr. Friedhelm Hofmann aus Köln an Weihbischof Wilhelm Schraml und den damaligen Pfarrer Konrad Schießl übergeben wurde, und die „Quirini-Marter" aus dem Jahre 1630.

HL. NIKOLAUS ALS KIRCHENPATRON VERDRÄNGT

Hl. Mutter Anna auf dem Mühlberg

Die Heilige-Mutter-Anna-Kirche steht zwar auf dem Gemeindegebiet von Neustadt an der Waldnaab, genauer in deren Ortsteil Mühlberg, gehört aber kirchenrechtlich zur Pfarrgemeinde „Heilige Familie“ in Altenstadt an der Waldnaab. Ursprünglich war sie auch gar nicht der hl. Anna geweiht, sondern dem hl. Nikolaus. Der Patroziniumswechsel erfolgte zu Anfang des 16. Jahrhunderts. Die Anrufung des hl. Nikolaus als Schutzheiligen kennt man vor allem in osteuropäischen Kulturkreisen, zum Beispiel bei Russen, Kroaten und Serben. Neben vielen anderen Berufsgruppen, darunter Apotheker, Bäcker, Fuhrleute und Salzsieder, haben ihn auch Seefahrer und Händler zu ihrem Schutzpatron erkoren. Letzteres ist der Grund, warum man ihn relativ häufig in den Städten der Deutschen Hanse antrifft. Aber in Bayern? Da gibt es zwar mehrere ihm geweihte Pfarr- und Filialkirchen, aber nur wenige Wallfahrtskirchen. Eine allerdings ist dafür besonders prominent: das Gotteshaus auf dem „Heiligen Berg“ in Andechs. Es hat ein Doppelpatrozinium und ist sowohl dem hl. Nikolaus als auch der hl. Elisabeth geweiht.

Die mittelalterlichen Ursprünge der Gnadenstätte in Mühlberg lassen sich noch heute am Untergeschoss des Kirchturmes ablesen, es stammt nämlich aus gotischer Zeit. Ansonsten ist die Kirche ein Neubau der Barockepoche, ausgeführt hat ihn der Neustädter Baumeister Johann Mayer in den Jahren 1766 bis 1770. Im Inneren der Kirche ist indes der Geist der Gotik immer noch zu spüren, was vor allem an den Heiligenfiguren aus der Zeit um 1510 bis 1520 liegt. Hinter einem Glasschrein ist im Hochaltar eine „Anna selbdritt“-Darstellung zu sehen. Unter dieser Bezeichnung versteht man in der Sakralkunst eine Figuration, bei der drei Generationen – „selbdritt“ heißt soviel wie „zu dritt“ – zu einer Gruppe verschmolzen werden. In der Gotik sieht das Arrangement meist so aus, dass die Mutter Marias, die hl. Anna, als relativ junge Frau gezeigt wird, und zwar in sitzender Haltung. In etwa so wie die Darstellung, die man am südlichen Seitenaltar findet. Hier sitzt die hl. Anna, unter anderem bekleidet mit der Rise, einem von Schläfe zu Schläfe reichenden weißen Tuch, wie es im Mittelalter von verheirateten Frauen getragen wurde. Auf ihrem linken Knie sitzt Tochter Maria, der genauso große nackte Jesus zeigt sich lebendiger, agiler und steht – um nicht zu sagen „turnt“ – auf dem rechten Knie seiner Großmutter. Bei der Figurengruppe im Hochaltar dagegen sehen wir eine stehende hl. Anna. Maria und das Jesuskind, beide ungefähr gleich groß, trägt sie auf den Armen, fast so, als seien sie Geschwister. Diese Art anachronistischer, also zeitwidriger Darstellung erschien den Menschen während der Gotik nicht im mindesten irritierend.

Einen Hinweis auf das ursprüngliche Patrozinium der Kirche findet man im nach hinten offenen Auszug des Hochaltars. Hier steht nämlich eine Figur des hl. Nikolaus. Aus dem Norden Deutschlands weiß man, dass Nikolaikirchen oft auch nach Einführung des protestantischen Glaubens weiterhin ihren Heiligentitulus behielten. Bemerkenswert in diesem Zusammenhang: Auch für die Mühlberger Wallfahrtskirche ist belegt, dass sie um 1610 herum eine Zeitlang von einem protestantischen Pfarrer aus Neustadt betreut wurde. Zu diesem Zeitpunkt allerdings galt die Kirche schon als St.-Anna-Gnadenstätte. Mittlerweile feiert man an dem Sonntag, der dem Namenstag (26. Juli) am nähesten liegt, alljährlich das Mühlberger Annafest.

Um das Jahr 1500 wurde die Figurengruppe Anna selbdritt geschaffen, die den rechten Seitenaltar schmückt.
Höhepunkt der Wallfahrt war das 18. Jahrhundert, als auch Tausende von Wallfahrern aus dem Egerland zur Mutter Anna pilgerten.

Inmitten riesiger Linden steht die Mutter-Anna-Kirche, die 1996 sogar wegen Einsturzgefahr geschlossen wurde. Eine Totalrenovierung dauerte bis 1999. Der linke Seitenaltar mit seiner beachtenswerten Figurengruppe im Akanthusrahmen zeigt hinten den hl. Mauritius und den hl. Rupert mit dem Salzfass. In der vorderen Reihe stehen die Heiligen Emmeram, Nikolaus und Wolfgang. Die Figuren weisen auf benediktinischen Einfluss hin.

ALS „BRUDER DEO GRATIAS“ BEKANNT

St. Felix in Neustadt an der Waldnaab

Weithin sichtbar steht die Wallfahrtskirche St. Felix über Neustadt an der Waldnaab. Mit Felix von Cantalice, einem Sohn ärmster Bauern aus der Region Latium, hat man sich ein Patronat gewählt, das außergewöhnlich und für bayerische Wallfahrtskirchen einzigartig ist. Der Bettelmönch, der seines bei jeder empfangenen Gabe gemachten Dankesspruches wegen auch „Bruder Deo Gratias“ genannt wurde, war selbst Mitglied des Ordens der Minderen Brüder. Von daher nimmt es nicht wunder, dass die Kapuziner, die man 1710 nach Neustadt rief, ihn zu ihrem Schutzpatron machten. Der Erste, dem er geholfen haben soll, war der Stadtrichter, der an einem schweren Fieber erkrankt war. Der Mann stiftete eine Felix-Statue, die erst einmal auf einem hölzernen Podest in freier Natur aufgestellt wurde.

Die Pilgerschar zu diesem Bildstock wuchs schnell an. Erst baute man zum Schutz des Gnadenbildes eine hölzerne, später dann eine gemauerte Kapelle. Dieser „Entwicklungsgang“ von Bildstock über Kapelle bis zur dann großen Wallfahrtskirche ist für sehr viele Pilgerstätten symptomatisch. An wenigen Orten aber lässt er sich nach wie vor so gut nachvollziehen wie bei St. Felix in Neustadt. Die frühe gemauerte „Urkirche“ ist nämlich noch immer in Grundriss und Bauweise des jetzigen Chores wiederzuerkennen. Sie war eine aus drei Konchen bestehende Kapelle, die einen vielleicht an die Große Kappl von Georg Dientzenhofer erinnern mag. Fachleute für sakrale Baukunst sehen aber eher eine Verbindung zur Wallfahrtskirche in Gößweinstein, die schon immer ein wichtiges Pilgerziel für Oberpfälzer darstellte. Jedenfalls: An diese frühe Kapelle mit dem Kleeblattgrundriss baute man ein die Kirche beträchtlich erweiterndes Langhaus an, an dessen Nordseite eine Sakristei hinzukam und an der Südseite ein dreigeschossiger Turm mit Kuppeldach und Zwiebel.

In den Hochaltar integriert ist das Gnadenbild, der hl. Felix als geschnitzte Holzfigur, im braunen Ordenshabit der Kapuziner, mit einem Almosensack über der Schulter, darauf sein legendärer Dankesspruch „Deo Gratias“. Oft wird der Schutzpatron auch mit einem Jesuskind in den Armen dargestellt, so zum Beispiel in der Kirche seines Heimatortes Cantalice. Mehrfach nämlich soll der spätere Heilige Marienerscheinungen gehabt haben. Im Verlauf einer dieser „Schauen“ bat er die Muttergottes, sie möge ihm das Jesuskind einmal kurz anvertrauen … und sie legte es ihm tatsächlich in die Arme. Zu dieser Erzählung stellt das Gemälde im Auszug des Hochaltars eine Verbindung her, denn über dem Kopf des Heiligen ist Maria mit dem Jesuskind zu sehen.

Überhaupt wird dem hl. Felix eine besondere Beziehung zu den Kindern nachgesagt. In Rom, wo er als Bettelmönch in den Gassen unterwegs war, kümmerte er sich um Straßenkinder und versorgte sie mit Almosen. Dies und manch anderes aus seinem Leben ist auf den Deckenfresken zu sehen. 46 Einzelbilder sind es, jede Szene wird durch eine ins Bild integrierte Inschrift erläutert. Sämtliche Fresken mussten bei einer Renovierung 1946/47 im Grunde völlig neu gemalt werden, nachdem sie 70 Jahre zuvor einfach übermalt worden waren. Einen Aufschwung erlebte die Wallfahrt, nachdem 1925/26 ein Kloster errichtet worden war, in das die Franziskaner-Minoriten einzogen. Seit August 2000 kümmern sich Patres der Krakauer Ordensprovinz um die Seelsorge.

Beim Felixfest wird alljährlich um den 18. Mai mit einer Lichterprozession des hl. Felix gedacht.

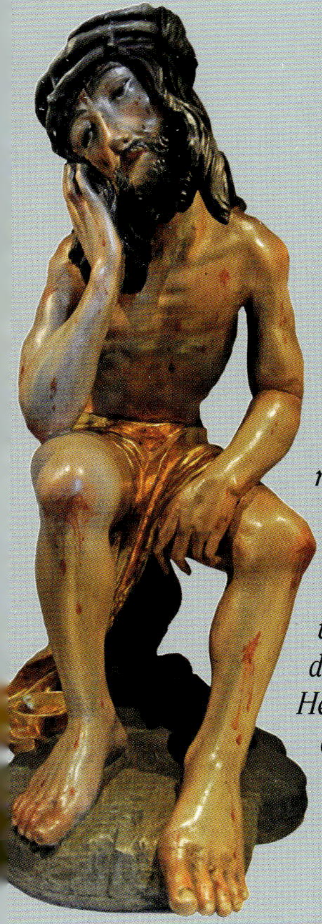

Christus in der Rast ist eines der vielen Kunstwerke in der malerisch am Hang gelegenen Klosterkirche St. Felix. Der Besucher sollte Zeit mitbringen, um die Altäre und 46 Fresken zu bewundern, welche das Leben des Heiligen und sein Wirken nach dem Tod darstellen.

MARIENWALLFAHRT LANGE VOR ALTÖTTING

Mariä Heimsuchung auf dem Fahrenberg

„Im ganzen Königreich ist keine Wallfahrt berühmter und von weit und breit besucht." Diese Aussage aus einem Pfarrbericht des Jahres 1816 zeigt, welch überragende Bedeutung die Pilgerstätte auf dem Fahrenberg einmal hatte. Die kegelförmige Erhebung nahe dem Markt Waldthurn zählte zu den bedeutendsten Marienwallfahrtsorten in ganz Bayern. Diesen Rang musste ihr Altötting zum Beispiel erst einmal streitig machen. Rund 200 Jahre pilgerte man nämlich schon auf den Fahrenberg, ehe die Gnadenkapelle mit der „Schwarzen Madonna" in Oberbayern verstärkt zum Ziel von Wallfahrern wurde. Den Ursprung des Gnadenortes im Nordgau vermutet man in einer Burganlage, die einmal auf dem 801 Meter hohen Fahrenberg gestanden haben soll. Ein Angehöriger aus dem Geschlecht der Waldthurner – sie waren die Besitzer der Burg – nahm als Tempelritter an einem der Kreuzzüge ins Heilige Land teil. Von dort soll er ein Gnadenbild mitgebracht haben, für das die Waldthurner Edlen eigens eine Kapelle an ihre Burg anbauen ließen, mündlicher Überlieferung nach im Jahr 1204.

Von all dem gibt es heute kaum mehr Spuren im Gelände. Allenfalls aus den Urkunden lässt sich einiges zusammentragen über die weitere Historie. 1308 erwarb der Zisterzienserorden aus Waldsassen Kirche und Grund am Fahrenberg und errichtete dort eine Propstei. Rund fünfzig Jahre später, 1352, veräußerte er den Besitz allerdings schon wieder, und zwar an den Inhaber der Reichsherrschaft Waldthurn, Ulrich von Waldau auf Waldthurn. Er war es auch, der Zisterzienserinnen aus Böhmen auf den Fahrenberg holte. Deren Kloster – wie auch der Markt Waldthurn – wurden 1425 durch einen Hussitenüberfall verwüstet.

Erst als die Fürsten von Lobkowitz die Reichsherrschaft Waldthurn 1666 übernahmen, begann auch die Gnadenstätte wieder aufzuleben, die laut Quellen zuvor „öd und verbrandt" darnieder gelegen war. 1762 wurde die neue, größere Wallfahrtskirche fertiggestellt, ebenso wie die immer noch existierende Kapelle zur Hl. Dreifaltigkeit. 1775 zerstörte ein Blitzschlag das Marienheiligtum nahezu vollständig. Die Kirche, wie sie sich heute darbietet, ist ein Werk des Maurermeisters Johann Jakob Beer aus Pleystein. Der auf quadratischem Grundriss errichtete Kirchturm hat so gar nichts von der wuchtigen Gedrungenheit, die man an manch anderer oberpfälzischen Wallfahrtskirche findet, man halte etwa Stettkirchen, Trautmannshofen oder Wiesau dagegen. Nein, der Fahrenberger Kirchturm ist geradezu minaretthaft schmal und „dünn", im Vergleich auch zum gedrungenen Langhaus und dem dreiseitig geschlossenen Chor. Auf dem Dachfirstende über dem Chor hat man übrigens die sogenannte Friedensmadonna angebracht, eine ganz aus Kupfer getriebene, vergoldete Statue. Sie blickt von dort oben genau in Richtung der nahen Tschechischen Republik … 1954, als man aus Anlass des 750-jährigen Wallfahrtsjubiläums auf die Idee dieses Zeichens des guten Willens kam, war dies noch ein Blick hinüber über den fast undurchdringlichen Eisernen Vorhang.

Auf einen calvinistischen Frevel im Jahre 1562 soll das Einschussloch im Hals der spätgotischen Marienstatue am Hochaltar zurückgehen.

Am besten ist es, sich der Kirche auf dem Rosenkranzweg von Waldthurn her zu nähern. Oben angekommen, ist man bereit für Gebet und Betrachtung der Kirche, anschließend zur Einkehr beim Gipfelwirt.
Vielleicht denkt der Gläubige so wie Bischof Rudolf Voderholzer bei seinem ersten Besuch hier, als er sagte: „Hier ist man dem Himmel näher“.

DIE KIRCHE AUF DEM ROSENQUARZFELSEN

Heilig Kreuz in Pleystein

Der 10. Juli 1901 war einer der schwärzesten Tage in der Geschichte von Pleystein. In der Grabenmühle brach damals ein Feuer aus und griff auf die gesamte Stadt über. Selbst die beiden Gotteshäuser von Pleystein brannten bis auf die Grundmauern nieder. Es waren dies die an den gegenüberliegenden Enden der Stadt stehende Pfarrkirche St. Sigismund und die auf dem Rosenquarzfelsen erbaute Wallfahrtskirche Heilig Kreuz. Doch bei den Pleysteinern gab es keine Spur des Zweifels, dass man beide Bauwerke wieder neu errichten würde. Man beauftragte den in München geborenen Architekten Heinrich Hauberrisser, damals einer der führenden Vertreter des Historismus. Von ihm stammen viele Sakralbauten in der Oberpfalz.

Auch seine Lösungsvorschläge für die Neubauten von St. Sigismund und Heilig Kreuz atmen den historistischen Geist. Während der Architekt für die Pfarrkirche neugotische Formen vorsah, wählte er für die Wallfahrtskirche, die auf dem Rosenquarzfelsen eine besondere Fernwirkung entfalten würde, einen neobarocken Baukörper. An das betont schmale, hohe Langhaus, das nach Süden über dem halbkreisförmigen Chor mit einem Wellengiebel abschließt, fügte er im Norden einen vorgestellten, hoch aufragenden Kirchturm mit Welscher Haube an. 1908 war der Bau vollendet. Zusammen mit den bereits fünf Jahre zuvor entstandenen Klosteranbauten für den Augustinerorden ergab sich ein Gesamtensemble, das vor allem von Osten aus gesehen über den Felsen des Rosenquarzmassivs eine besonders malerische Wirkung entfaltet.

Begonnen hat die Wallfahrt mit einem alten Kruzifix, das Mitte des 18. Jahrhunderts bei Renovierungsarbeiten auf einem Dachboden der Pfarrkirche auftauchte. Schreinermeister Caspar Frank sorgte für eine Reparatur und ließ fehlende Teile durch einen Bildschnitzer ergänzen. Das wiederhergestellte Kreuz fand anfänglich seinen Platz auf dem „Hohen Berg", einer von Pleystein nur zwei Kilometer entfernten Anhöhe. Allerdings gab Regensburg keine Erlaubnis, dort eine Kapelle zu errichten. Weil aber der Opferstock, der dort aufgestellt war, mehrmals geplündert wurde, ordnete der Bischof an, das Kruzifix solle in die Pfarrkirche von Pleystein gebracht werden. Das war aber noch nicht sein endgültiger Platz. Als nämlich mehrere Personen gleichzeitig in derselben Nacht einen Traum gehabt haben wollten, bei dem sie auf dem Pleysteiner Schlossberg ein Gotteshaus gesehen hatten, war die Wahl für den richtigen Ort einer Heilig-Kreuz-Kirche entschieden. Und so wurde am 18. September 1814 in feierlicher Prozession das nun zum Gnadenbild der Pleysteiner Wallfahrt gewordene Kruzifix von der Stadtpfarrkirche zur Kirche auf dem Schlossberg übertragen.

Waren es seit 1903 die Augustiner gewesen, die sich um die Wallfahrt gekümmert hatten, wirken seit 1965 die Oblaten des hl. Franz von Sales auf dem Kreuzberg und in der Pfarrei.

Hochaltar mit der Kreuzerhöhung und der Mutter Jesu; Engel halten die Leidenswerkzeuge.
Das große Deckenfresko stellt den Triumph des Kreuzes beim letzten Gericht dar.
Nicht nur zum Kreuzbergfest strömen die Gläubigen auf den Berg. Die Kulisse vor der Kirche ist auch Schauplatz geistlicher Konzerte, wie hier mit Brigitte Traeger.

St
AUGUSTINUS

GNADENBILD-KOPIE AUS STEINGADEN

Gegeißelter Heiland in Moosbach

Die Steingadener Wieskirche im oberbayerischen Pfaffenwinkel ist die vielleicht berühmteste Rokoko-Wallfahrtskirche der Welt. Eine Million Besucher „pilgern“ alljährlich zu ihr … auch wenn nicht alle im engeren Sinne Pilger genannt werden können. Das Sinnbild bayerischer Volksfrömmigkeit scheint indes schon sehr früh eine Ausstrahlungskraft weit über Oberbayern hinaus gehabt zu haben. Wie sonst hätte es kommen können, dass bereits im Jahre 1746 eine Bürgerstochter aus Moosbach, einem kleinen Ort an der oberpfälzisch-böhmischen Grenze, bis nach Steingaden gewallfahrtet ist, nur um dort das Gnadenbild des „Gegeißelten Heilands auf der Wies“ zu verehren? Zur berühmten Wieskirche des Baumeisters Dominikus Zimmermann war zu diesem Zeitpunkt gerade einmal der Grundstein gelegt. Die aus dem Steingadener Kloster stammende Schnitzfigur muss da noch in einer kleinen hölzernen Kapelle aufbewahrt worden sein, und zwar von jener Bauersfrau Maria Lory, die zum ersten Mal bemerkt haben will, wie der hölzerne Heiland Tränen vergoss.

Wie dem auch sei: Elisabeth Hiltner, so nämlich hieß die junge Frau aus Moosbach, war so sehr berührt von allem, was sie in Steingaden erlebte, dass sie eine Kopie des dortigen Gnadenbildes mit heimbrachte in die Oberpfalz. Dort setzte dann schon bald eine Verehrung des Gegeißelten Heilands von Moosbach ein, der somit als eine der frühesten Filiationen der Wieswallfahrt gelten kann. Anfänglich war es eine bereits bestehende Feldkapelle, etwas außerhalb des Marktortes idyllisch im Tal der Pfreimd gelegen, in der Elisabeth Hiltner mit Erlaubnis des Pfarrers das Gnadenbild aufstellen durfte. Bald schon kamen Pilger, nicht nur aus der Oberpfalz; es sind auch Wallfahrten aus Pilsen und Prag belegt, ja sogar aus dem 500 Kilometer entfernten Wien. Augenscheinlicher Beleg sind in solchen Fällen immer die Votivbilder. Einige davon schmücken das Innere der Kirche bis heute, darunter auch Hinterglasbilder sowie die besonders eindrucksvollen Votivgaben in Form hölzerner Arme und Beine: Sie sollen erinnern an wieder gesundete Gliedmaßen. Übrigens: Gesundet auch dank des Augenbrünnl, einer unweit der Wallfahrtskirche gelegenen Heilquelle, die dem hl. Nepomuk geweiht ist.

Mit dem Bau der Kirche, welche die zu klein gewordene Kapelle ersetzte, wurde im Jahr 1748 begonnen, und zwar nach Plänen von Andreas Dobmeier aus Waidhaus. Genau genommen gilt das nur für das Langhaus, denn der Turm mit Doppelzwiebelhaube und Laterne wurde erst 15 Jahre später hinzugefügt. Die Pläne dazu lieferte bereits ein anderer, nämlich Emmeram Gründler aus Waidhaus. Das Kernstück der zwischen Barock- und Rokokostilelementen wechselnden Innenausstattung ist selbstredend der Hochaltar. Über dem Tabernakel in einem Glasschrein ist das Gnadenbild des gegeißelten Heilands ausgestellt. Darüber ein mächtiges Kruzifix vor einem Altarblatt, das eine Fantasielandschaft rund um Jerusalem zeigt. Eine geplante Ausmalung des Kircheninnenraums unterblieb. Barockkanzel, Seitenaltäre und Kreuzwegbilder sorgen dennoch für einen glanzvollen Gesamteindruck.

Zu welch beeindruckenden Leistungen einheimische Bauleute und Kunsthandwerker in der Lage sind, zeigt eindrucksvoll die Wieskirche bei Moosbach.

GELÜBDE WEGEN EINER VIEHSEUCHE

St. Jodok in Tännesberg

Der hl. Jodok war der Sohn eines bretonischen Fürsten. Er verzichtete auf alle weltlichen Güter seines Vaters und zog stattdessen als Pilger nach Rom. Zuvor hatte er an verschiedenen Orten in Frankreich als Einsiedler gelebt, aus einer seiner Klausen soll die Benediktinerabtei Saint-Josses-sur-mer hervorgegangen sein. Nach seinem Tod um das Jahr 670 dauerte es zwei Jahrhunderte, bis sich die Verehrung des Heiligen in den Westen des Deutschen Reiches ausbreitete (Trier, Kloster Prüm in der Eifel, Walberberg bei Köln). In Bayern sind St.-Jodok-Patrozinien selten, auch wenn einem natürlich sogleich die Stadtpfarrkirche St. Jodok in Landshut einfällt. Im oberpfälzischen Waldthurn hatte die Pfarrkirche bis 1865 ein St.-Jodok-Patronat,

dann wechselte es zum hl. Sebastian. Somit ist die kleine Wallfahrtskirche beim wunderschön gelegenen Tännesberg das einzige Gotteshaus in der gesamten Oberpfalz, das dem bretonischen Heiligen geweiht ist.

Dies jedoch aller Wahrscheinlichkeit nach nicht von Anfang an. Denn die Burgherren von Paulsdorf scheinen kurz nach 1000 bereits an gleicher Stelle eine Kapelle gestiftet zu haben. Zu welchem Schutzpatron die Pilger mit ihren Anliegen damals wallfahrteten, weiß man nicht mehr. Weithin bekannt scheint der Gnadenort jedenfalls gewesen zu sein, denn noch heute hängt an der Langhausnordwand das sogenannte Pestkreuz. Wiener Bürger sollen es 1690 bis hierher getragen haben, woraufhin dann die schlimme Seuche plötzlich aus der Donaustadt verschwand. Gut hundert Jahre später, 1796, war es dann eine Viehseuche in Tännesberg selbst, die furchtbar wütete. 200 Stück Hornvieh sind ihr zum Opfer gefallen. Erst ein Bittgang zur Wallfahrtskapelle brachte die Rettung. Aus Dankbarkeit gelobten die Tännesberger, von nun an alljährlich in einer Prozession zum hl. Jodok zu ziehen … womit der Anfang zur Geschichte des Jodokrittes gemacht war.

Er wird noch heute abgehalten, immer am vierten Sonntag im Juli. Ursprünglich wollten die Tännesberger ihr gesamtes Nutzvieh mitführen, doch von dieser Idee ließ man wieder ab. Heute sind es um die zweihundert festlich herausgeputzte Rösser aus Tännesberg, aber auch der näheren und weiteren Umgebung, die den Festtag zu einem farbenfrohen Spektakel machen. Dazu gehört natürlich auch das Begleitprogramm, das sich mittlerweile etabliert hat, nämlich ein historisches Markttreiben, Anschießen vom Schlossberg mit Böller und ein Feuerspektakulum zum Ausklang Sonntagnacht. Dabei könnte fast der eigentliche Anlass in den Hintergrund geraten, nämlich dass es sich um eine Bittprozession zum hl. Jodok handelt, hinaus zur Wallfahrtskirche, etwas außerhalb des Ortes an der Oberviechtacher Straße gelegen. Doch auch das hat Tradition. Denn wie heißt es doch in den Informationen des „Fördervereins St.-Jodok-Ritt Tännesberg“: Bereits damals, Ende des 18. Jahrhunderts, „wurde das Gelübde auf echt oberpfälzische Weise erfüllt. Nach der feierlichen Prozession und dem Gottesdienst feierte man ein ‚Birkerlfest‘ mit Musik, wo auch die leiblichen Genüsse zu ihrem Recht kamen.“

Mit einem „Sechsspänner“ fährt Pfarrer Wilhelm Bauer mit dem Allerheiligsten hinaus zur St.-Jodok-Kirche. Dort wird am Freialtar Messe gefeiert, musikalisch begleitet vom Musikverein Gleiritsch.

STIFTUNG EINES BÖHMISCHEN KAUFMANNS

St. Nikolaus auf dem Koppelberg bei Luhe

Ein paar Seiten weiter vorne war eben noch die Rede von der St.-Anna-Wallfahrtskirche in Mühlberg, die ursprünglich einmal dem hl. Nikolaus geweiht war. Ein, wie schon ausgeführt, relativ seltener Schutzheiliger für Gnadenstätten in Bayern. Und nun haben wir ausgerechnet im nicht allzu weit entfernten Luhe auf dem Koppelberg noch einmal eine St.-Nikolaus-Kirche. Ob man diesen Umstand verstehen kann als einen Beleg dafür, was Günter Bauernfeind vom Wallfahrtsmuseum Neukirchen beim Heiligen Blut einmal das „Phänomen der Konkurrenz-Wallfahrt" genannt hat? Profan ausgedrückt bedeutet dies: Wenn andere einen heiligen Nikolaus verehren (und zwar anscheinend recht erfolgreich, sowohl in geistlicher wie in pekuniärer Hinsicht), dann wollen wir auch einen solchen haben.

Die Nikolauskapelle in Mühlberg ist bereits 1380 erstmals urkundlich erwähnt. Doch wie lange hat sie da schon bestanden? Über den Vorgängerbau der heutigen Kirche auf dem Koppelberg wissen wir jedenfalls nichts Exaktes. Von einem böhmischen Kaufmann ist die Rede, der 1376 hier auf dem Koppelberg eine Kapelle gestiftet haben soll. Dass viele Händler in diesem Raum unterwegs waren, ist anzunehmen: Der Markt Luhe lag seit jeher an einem Altstraßen-Knotenpunkt. Das Erbauungsdatum der jetzigen St.-Nikolaus-Wallfahrtskirche steht indes unverrückbar wie in Stein gemeißelt … was keineswegs nur übertragen zu verstehen ist, es ist wirklich am granitenen Türsturz des Westportals angebracht und lautet: 1696. Damals baute man also die dreijochige Wandpfeilerkirche mit dem eingezogenen Chor. Dass ihm, dem Chor, seinerseits noch der Kirchturm mit seiner Zwiebelhaube vorangestellt ist, ist eine eher seltene architektonische Lösung.

Im Inneren der Kirche ist es vor allem der Hochaltar, auf den die Aufmerksamkeit gelenkt wird. Das Altarbild verdient nähere Betrachtung, sind in ihm doch einige interessante Details versteckt. Um St. Nikolaus ranken sich ja eine Fülle von Heiligenlegenden. Immer wieder spielen Kinder dabei eine entscheidende Rolle. Nicht selten soll der Bischof von Myra sie aus ganz furchtbaren Situationen errettet haben. So zum Beispiel drei Töchter, die ein hoch verschuldeter Vater zur Prostitution zwang. Ihnen schenkte er drei goldene Kugeln. Auf dem Altarbild sieht man einen Engel mit diesen Gaben neben dem hl. Nikolaus schweben, der gerade in fürbittenden Verhandlungen mit der Dreifaltigkeit steht. Vielleicht geht es um jene drei Knaben, die im unteren linken Bildeck einem Salzfass entsteigen. Sie soll der hl. Nikolaus aus den Händen eines unvorstellbar grausamen Wirtes befreit haben, der die Buben schlachten und pökeln wollte, um sie seinen Gästen vorzusetzen.

Bekannt war der Koppelberg übrigens auch noch für seine Eremitenklause, die angeblich seit dem frühen 17. Jahrhundert bestand. 19 fromme Männer sollen hier nacheinander gelebt und unter anderem das Amt des Mesners für die Wallfahrtskirche besorgt haben. Der letzte war der Eremit Arsenius. Nach seinem Tod wurde 1947 die spartanische Mönchsunterkunft abgerissen.

Den Franziskanerbruder Arsenius Graf haben die Luher Bürger nicht vergessen. Sein Grab wird auch heute noch regelmäßig geschmückt.

Die schwebenden Engel halten die Insignien des Bischofs Nikolaus, Mitra und Stab, vor dem großen Altarblatt des Hochaltars.
Im Juli lädt der Oberpfälzer Waldverein zum Koppelbergfest ein. Vor der Kirche auf einem Freialtar wird dann die Messe gefeiert.

EINST EIN SLAWISCHES GRÄBERFELD

St. Barbara bei Speinshart

„Verlassen steht die Patronin St. Barbara in ihrer Nische am Westgiebel, nur ein kleines Glöcklein über ihr umtönt sie beim Aveläuten mit der Erinnerung an ferne Zeiten." So heißt es im Band sechs des Standardwerkes „Die Kunstdenkmäler von Bayern" über einen der eigentümlichsten Wallfahrtsorte nicht nur der Oberpfalz. Von St. Barbara auf dem 520 Meter hohen Barbaraberg ist in der Tat nicht recht viel mehr übrig als die weithin sichtbare Westfassade. Die flankierenden Walmdachbauten dienen heute noch als Wohngebäude und waren früher notwendig zur Betreuung der Wallfahrt, die durch den Abt Dominikus von Lieblein aus dem benachbarten Kloster Speinshart eine entscheidende Wiederbelebung erfuhr. In den Zeiten der Reformation nämlich war der Barbaraberg – wie so viele andere Wallfahrtsstätten auch – erst einmal verwaist.

Abt Lieblein initiierte 1741 den Bau einer neuen, größeren und prunkvolleren Wallfahrtskirche. Dafür ließ er die mittelalterliche kleine Saalkirche abreißen, die schon, leicht verschoben, an derselben Stelle gestanden war. Und das wahrscheinlich bereits seit 1000 nach Christus. Geradezu sensationell war die 1992 bis 1995 vorgenommene archäologische Sicherung eines ausgedehnten slawischen Gräberfeldes des ausgehenden 9. bis frühen 10. Jahrhunderts. Man geht von einer aus dem nahen Böhmen eingewanderten kleinadeligen Familiensippe aus, die durchaus über die Mittel verfügt haben könnte, jene frühe Kapelle, deren Fundamente man bei diesen Grabungen ebenfalls nachweisen konnte, zu errichten. Wie es dann zum Barbarakult kam, ist ebenso ungeklärt wie die Herkunft des Gnadenbildes. Erstmals urkundlich belegt ist das Patrozinium in einer Quelle von 1503.

Doch zurück zum Rokoko-Neubau der Kirche: Sein Grundriss folgt einem Kreuz, dessen vier Kreuzarme nahezu gleich lang sind. Der Längsbalken wäre demnach als Verbindung zwischen dem Altar im Osten und der Orgelempore im Westen zu sehen. Seine Enden waren genauso abgerundet wie die des etwas kürzeren Querbalken, der die zwei Seitenaltäre in eine Blickachse brachte. Das Gewölbe des Hauptraums war mit Rokokostukkaturen verziert. Wand- und Deckenmalereien hatten die Lebensgeschichte der hl. Barbara zum Gegenstand. Caroline von Flotow, Tochter eines preußischen Offiziers, die am 22. Juli 1802 beim alljährlichen Magdalenenfest zugegen war, meinte, deren Martern seien so realistisch wiedergegeben gewesen, dass sie „schauderhaft anzusehen sind".

Der Besucher von heute kann davon leider so gut wie nichts mehr selber nachvollziehen. Während der Säkularisation wurde nämlich nicht nur das Kloster Speinshart aufgelöst, auch die Barbarakirche wurde geschlossen und verkauft. Die Innenausstattung wanderte in alle Himmelsrichtungen, der Hochaltar zum Beispiel landete in Bärnau, wo er später verbrannte. Es setzte ein rapider Verfall ein: Den Dachreiter trug man ab, die Kirche wurde schließlich zur Scheune umfunktioniert. Ein Blitzeinschlag 1914 besiegelte das endgültige Aus. Er riss übrigens der Barbarafigur, die heute noch in der Nische des Westgiebels steht, den Kopf ab.
Es folgte der endgültige Abriss des gesamten Mittelbereichs. Nur mehr die stehengebliebene Westfassade kündet heute noch von einstiger Pracht und Herrlichkeit. Der Münchner Domkapitular Michael Hartig erwarb 1919 die traurigen Überreste, ließ eine kleine Kapelle anbauen und schenkte das Ganze dem Kloster Speinshart, das 1921 von Prämonstratensern aus dem egerländischen Stift Tepl wiedergegründet worden war.

Die Steinfigur der hl. Maria Magdalena am Aufstieg zum Barbaraberg.

In einem Sternritt kommen viele Reiter an Christi Himmelfahrt zum Barbarabergfest zum Gottesdienst.

Von Westen her hat man immer noch die stolze Fassade mit dem Wappen von Abt Dominikus von Lieblein. Dahinter jedoch findet man nur mehr Mauerreste der ehemaligen Kirche.

ST.
BARBARA
SCHUTZ
PATRONIN
STERBENDEN

Von einer Anhöhe bei der kleinen Ortschaft Nessating hat man diesen Blick über den Eixlberg mit der Wallfahrtskirche St. Barbara zu den Höhenrücken des Oberpfälzer Waldes.

Landkreis SCHWANDORF

HOLZKNECHTE FANDEN SIE IM BUCHENWALD

St. Barbara auf dem Eixlberg bei Pfreimd

Zum 300. Weihetag der St.-Barbara-Kirche oben auf dem Eixlberg am 31. Juli 2011 wurden sie ausdrücklich zur Teilnahme an der feierlichen Sternwallfahrt eingeladen: die Bürger aus Wernberg, aus Luhe-Wildenau und Leuchtenberg. Denn immerhin waren es ihre Vorfahren gewesen, die im Rahmen zu leistender Scharwerksdienste beim Bau der Kirche herangezogen worden waren. Ihre Hand- und Spanndienste sind freilich nicht erwähnt auf jener Inschrift, die über dem Portal der Kirche steht. Dort heißt es, dass Herzog Maximilian Philipp von Bayern im Jahre 1700 die Errichtung der Wallfahrtsstätte in Auftrag gegeben und Maurermeister Johann Meier aus Neustadt an der Waldnaab sie ausgeführt habe.

Der vierachsige Saalbau war allerdings nicht das Erste, was man auf das Gipfelplateau hingestellt hat. Auch ist die Wallfahrt bedeutend älter als 300 Jahre. Laut Legende geht sie zurück auf zwei Holzknechte, die hier im schattigen Wald eine geschnitzte Figur gefunden haben sollen, abgelegt auf einem Baumstumpf. Ob sie sogleich erkannt haben, dass mit ihr die heilige Barbara dargestellt sein sollte? Die war Mitte des 14. Jahrhunderts, zumal beim einfachen Volk, wohlbekannt. Zusammen mit Katharina und Margareta ist sie eines der „drei heiligen Madl". Ein volkstümlicher Merkspruch besagt: „Margareta mit dem Wurm, Barbara mit dem Turm, Katharina mit dem Radl, das sind die heiligen drei Madl." Legendär ist die Standhaftigkeit Barbaras, denn nicht einmal der Tod auf Befehl ihres eigenen Vaters konnte die junge Frau aus dem Morgenland von ihrem christlichen Glauben abbringen. Sie wird daher oft mit einem gemauerten Turm abgebildet, Sinnbild ihrer Festigkeit. Im Fall der Eixlberger Barbara jedoch, deren Gnadenbild auf dem Hochaltar unter einem Baldachinaufbau steht, sehen wir neben Kelch und Hostie ein Schwert in der rechten Hand. Ein Hinweis darauf, wie die Märtyrerin zu Tode kam: Sie wurde nämlich enthauptet.

Doch zurück zu den beiden Holzknechten. Sie sollen das Gnadenbild, so heißt es in der Legende, sogleich hinunter nach Pfreimd in die Kirche gebracht haben. Doch von dort kehrte es

wieder an seinen alten Platz zurück. Zweimal soll sich dieses Wunder ereignet haben, ehe man dessen Botschaft verstand: „Im Wald, dort oben am Eixlberg, sollt ihr mir ein Gotteshaus errichten." Landgraf Ulrich II. von Leuchtenberg befolgte schließlich diesen Auftrag. 1342 baute er die erste Kapelle. Soldaten des Generals Mansfeld brannten die Kapelle 1621 in den Wirren des Dreißigjährigen Krieges nieder. Doch man setzte die Kapelle wieder instand und stellte ihr 1671 die kleine Loretokapelle zur Seite. Die Emmausklause ist seit 1639 durch Rechnungsbücher belegt. In ihr haben über die Zeiten hinweg verschiedene Eremiten gelebt. Der letzte, ein gewisser Josef Plaschko, war bis 1978 auf dem Eixlberg. Er muss ein lebensfroher Mann gewesen sein. Der Vorsitzende des Oberpfälzer Waldvereins, Josef Hösl, erzählte, welche Gaudi es gewesen sei, wenn im Winter der Eremit mit einem Schlitten den Berg hinunterrauschte. Heute dient die Klause als Wanderer-Einkehr, die allerdings nur zu bestimmten Zeiten geöffnet ist.

Stille herrscht in Winterszeiten auf dem Eixlberg. Doch wenn am Pfingstmontag und am ersten Sonntag im September, anlässlich des Hauptfestes der Sankt-Barbara-Bruderschaft, Gottesdienst und Festbetrieb sind, pilgern viele Pfreimder auf ihren Berg. Im September ziehen die Pilger zusammen mit dem „Himmel" um die Kirche.

ÜBER DEM ALTWASSER DER NAAB

Maria Brünnl bei Nabburg

Es gibt gute Gründe für die Behauptung, die Michael Rosenberger in seiner „Kleinen Theologie der Wallfahrt“ mit dem Titel „Wege, die bewegen“ aufstellt. „Europa erlebt seit Ende der 1980er-Jahre ein Phänomen, das vorher niemand zu prognostizieren gewagt hätte: Wallfahrten erleben einen Boom.“ Das ist sicherlich richtig und lässt sich durch eindrucksvolle Pilgerzahlen untermauern. Fakt ist aber auf der anderen Seite genauso: Viele Wallfahrten, die über Jahrhunderte und Generationen hinweg fester Bestandteil im religiösen Alltag der Leute waren, fristen mehr und mehr ein randständiges Dasein. Um diesen Trend umzukehren, lassen sich Verantwortliche immer wieder etwas einfallen. So zum Beispiel auch die beiden Bürgermeister der Gemeinden Pocinovice und Schwarzach bei Nabburg. Zwar mussten sie dabei einen Umweg nehmen, in diesem Fall einen touristisch-freizeitmäßigen, gelandet sind sie aber mit ihrer Idee trotzdem bei altehrwürdigen Wallfahrtsstätten.

Die Rede ist vom „Bayerisch-böhmischen Brünnl-Wallfahrtsweg“, eine Idee der Bürgermeister Václav Svoboda und Alois Böhm. Er verbindet, ausgeschildert für Radfahrer und Wanderer, entlang von 350 Kilometern zwölf Wallfahrtsorte, die alle im Zusammenhang mit einer Heil bringenden Quelle stehen. Drei davon liegen auf böhmischem Boden, neun auf ostbayerischem. Der westlichste davon ist die Brünnlkirche bei Nabburg. Am Fuße des Haberstrohberges, direkt am Altwasser eines abgeschnittenen Armes der Naab gelegen, gehört der Platz eigentlich schon zum Gemeindegebiet von Stulln. Doch die Dreifaltigkeitskirche zählt dennoch zu Nabburg, ja, sie ist eine Nebenkirche der dortigen Pfarrei. Ursprünglich war es eine Wallfahrt zur Heiligen Dreifaltigkeit, erst später erfolgte eine Umwidmung in „Mariä Himmelfahrt“, im Volksmund spricht man lediglich von der Brünnlkirche.

Um das Wasser, das Brünnl, geht es ja schließlich auch. Dessen vor allem bei Augenleiden heilende Wirkung wird lange schon bekannt gewesen sein, ehe 1686 Stephan Streittwein direkt neben der aus dem Berg austretenden Quelle eine kleine Kapelle errichten ließ. Streittwein soll übrigens Salpetersieder gewesen sein, Angehöriger eines eher unbeliebten Berufsstandes. Da die sogenannten Saliter in Bauernhöfen ziemlich rabiat herumfuhrwerken durften, um den Kalksalpeter zu gewinnen, der überall dort entsteht, wo Urin, ob von Mensch oder Tier, mit Kalk zusammenkommt, galten sie als Plage. Doch ihr „Produkt“ brauchte man unbedingt zur Schwarzpulverherstellung, daher hielt jegliche Obrigkeit schützend die Hand über sie. Vielleicht wollte Streittwein mit seiner Kapellenstiftung „gut Wetter“ machen bei den Leuten.

Die Wallfahrt jedenfalls florierte. Und so konnte bald mit dem reichlich fließenden Opfergeld ein Gotteshaus oberhalb der Quelle errichtet werden, die eigentliche Wallfahrtskirche, zu der ein Stufenweg hinaufführt. Der nach Westen ausgerichtete Bau umfasst nur zwei Joche. Der kleine Glockenturm steigt eher wie ein Dachreiter an der Schnittstelle zwischen Chor und Langhaus aus dem Dachgestühl auf. Als Gnadenbild fungierte eine Kopie des Mariahilfbildes von Lucas Cranach … mittlerweile hängt es in der Nabburger Stadtpfarrkirche, nachdem es schon einmal gestohlen worden war, glücklicherweise aber wieder auftauchte. – Zwei Festtage sind bedeutsam für das Brünnl: der Ostermontagsritt und der 15. August, an dem das Patrozinium der Aufnahme Mariens in den Himmel begangen wird. Neben den beiden großen Festtagen gibt es monatliche Brünnlgänge, einen Kreuzweg am Palmsonntag und im Marienmonat auch Maiandachten.

Das Wasser des Brunnens ist radiumhaltig und wurde eine Zeitlang sogar zur Herstellung von Augentropfen verwendet.

Kapelle und Kirche spiegeln sich zusammen mit blühenden Kirschbäumen im Altwasser der Naab.
Aus dem ersten Flurumritt 1950 wurde im nächsten Jahr der Osterritt zur Brünnlkapelle. Seitdem wird er ohne Unterbrechung durchgeführt. Jetzt organisiert der Reit- und Fahrverein Nabburg den Ritt. Und es ist Tradition, dass der Nabburger Kaplan hoch zu Ross dabei ist.
Am 15. August pilgern die Gläubigen mit ihren Kräuterbuschen zur Brünnlkirche hinaus.

PASSIONISTENKLOSTER UNTER PATER KOCH

Heilige Dreifaltigkeit auf dem Miesberg in Schwarzenfeld

Nähert man sich durch die schöne Lindenallee der Miesbergkirche, dann fällt einem vielleicht das Wappen auf, das im gesprengten Giebel des flankierten Hauptportals am Fuße des Westturms angebracht ist: ein stilisiertes Herz mit aufgesetztem Kreuz und der Inschrift „Jesu XPI Passio“. Es ist dies das Ordenszeichen der „Kongregation vom Leiden Jesu Christi“, der „Passionisten“. Die klösterliche Gemeinschaft ist erst ungefähr 250 Jahre alt. Gegründet in Italien durch den heiligen Paul vom Kreuz, sprang die Bewegung bald nach Amerika über und von dort erst kam sie nach Deutschland. Die erste Klostergründung erfolgte in den 1920er-Jahren in München-Pasing. Schon daran war der amerikanische Pater Viktor Koch beteiligt, der schließlich für Schwarzenfeld eine entscheidende Rolle spielen sollte.

Ihm nämlich erteilte der Regensburger Bischof die Erlaubnis, auf dem Miesberg ein Passionistenkloster zu errichten. 1935 wurde es geweiht. Wohlgemerkt: eine Klostergründung 1935 (!) durch einen amerikanischen Pater mitten im „Reich“. Freilich war der Miesberg spirituell „vorbelastet“. Seit dem Dreißigjährigen Krieg gab es hier eine Wallfahrt. Eine erste Kapelle wurde 1693 geweiht. Sie ist noch heute im Gesamtensemble erkennbar und bildet den Altarraum der 1721 bis 1730 hinzugebauten Dreifaltigkeitskirche. Für die Betreuung der rasch immer beliebter werdenden Wallfahrt errichtete man neben der Kirche gleich noch eine Einsiedlerklause, die erst mit dem Bau des Passionistenklosters verschwand.

Nun übernahmen gewissermaßen Pater Koch und seine Mitbrüder die Rolle der Eremiten auf dem Miesberg. Insbesondere für die Kriegsjahre lässt sich das sagen, als das Kloster beschlagnahmt wurde und Pater Koch lediglich mit drei weiteren Ordensbrüdern in zwei kleinen Räumen geduldetermaßen weiterhausen durfte. Aus dem restlichen Konvent wurde ein Kinder-Landverschickungsheim. Eine Forschungsabteilung der Universität Berlin hat man gegen Kriegsende auch noch hierher ausgelagert. Die besondere Stunde für Pater Koch schlug allerdings im April 1945, als amerikanische Soldaten Vergeltung nehmen wollten für ein Massaker, das SS-Leute noch in den allerletzten Kriegsstunden an Beteiligten des Todesmarsches aus dem KZ Flossenbürg vornahmen. Die GIs hatten vor, Schwarzenfeld durch einen letzten heftigen Beschuss zu bestrafen. Lediglich das beherzte Eingreifen Pater Kochs konnte dies verhindern.

Nach dem Krieg ernannte man ihn dieser mutigen Tat wegen zum Ehrenbürger von Schwarzenfeld. Pater Koch starb 1955 im Kloster auf dem Miesberg. Die mit ihm verbundene wundersame Geschichte gäbe eigentlich ein schönes Motiv für ein Votivbild ab. Eines, wie es zum Beispiel unter der Westempore in der Dreifaltigkeitskirche hängt. Es hält die Erinnerung an einen anderen Krieg wach, als nämlich 1796 ein Franzosenheer den Marktflecken belagerte. Damals pilgerten die Bürger von Schwarzenfeld auf „ihren“ Berg und beteten um Schonung. Und tatsächlich zogen die Franzosen unverrichteter Dinge ab. Welche Parallelen es doch manchmal zwischen den Ereignissen der ferneren und der jüngeren Geschichte gibt.

Votivbild von Georg Hämmerl aus dem Jahre 1796. Es zeigt den Kampf zwischen Franzosen und Österreichern um den Naabübergang.

Der viergeschossige Turm mit Spitzhelm wurde im Jahre 1888 errichtet.

Der barocke Hochaltar mit Akanthusschnitzwerk zeigt die Heilige Dreifaltigkeit. Das Altarblatt stammt aus dem Jahre 1697.
Der Schalldeckel der Kanzel, geschaffen in der Mitte des 18. Jahrhunderts, zeigt einen predigenden Bischof. Zu seinen Füßen ein Engel mit den Insignien Stab und Mitra. Ein Edelmann hält ein angebranntes Buch in den Händen. Sinnbild dafür, dass das Wort Gottes die Irrlehre besiegt.

NACH BOMBENHAGEL NEU ERSTANDEN

Unsere Liebe Frau auf dem Kreuzberg in Schwandorf

Beinahe alle Gnadenorte, die in diesem Buch vorgestellt werden, leiten sich von einer wundersamen Gründungslegende ab. Da werden Marienbildnisse im Wald gefunden (Heilbrünnl bei Roding), Gnadenbilder überstehen Feuersbrünste (Trautmannshofen), „Spontanheilungen“, würden wir heute sagen, geschehen (Habsberg) oder Errettungen aus großer Not (Ast bei Waldmünchen). Eine Ausnahme in dieser langen Reihe der Wunderwallfahrten ist die zu „Unserer Lieben Frau“ auf dem Kreuzberg bei Schwandorf. Sie etablierte sich allein aus dem Wunsch der Schwandorfer Bürger heraus, sich unter den Schutz der Muttergottes zu stellen. Wunder brauchte es da gar keines. Und „unter“ den Schutz darf man ruhig wörtlich nehmen, weil sie erkoren sich den Kreuzberg als Standort aus. Ein Gotteshaus, das man dort oben hinstellen würde, hätte tatsächlich die ganze Stadt „unter“ sich.

Dabei war der Hügel eigentlich ein Un-Ort. Damals noch außerhalb der Stadt gelegen, befand sich hier die Richtstätte Schwandorfs. Es stand hier ein Galgen. Eine bemerkenswerte Umdeutung des Genius loci, wenn man so will, fand statt, als man die Henkersvorrichtung entfernte und stattdessen eine Kreuzigungsgruppe aufstellte. Aus dem Galgenberg wurde ein Kalvarienberg. 1678 folgte dann die Grundsteinlegung für die Wallfahrtskirche, wobei es zu einer weiteren Bedeutungsverschiebung kam und der Kreuzberg zu einer Marienpilgerstätte wurde.

Rasch erfreute sich die Wallfahrt großer Beliebtheit und zog die Menschen des gesamten Schwandorfer Umlandes an.

Das Gnadenbild, zu dem sie alle pilgerten, stammt vom Schwandorfer Stadtpfarrer Mattias Schmidt. Es ist eine Kopie jenes Mariahilfbildes von Lukas Cranach, das im Münchner „Alten Peter“ vor allem während der Zeit der Türkenkriege inständig verehrt wurde. Schmidt, der einen Bruder in München hatte, scheint selbst davorgestanden zu sein und war so von ihm eingenommen, dass er für sich eine Kopie davon machen ließ. (Genau genommen eine Kopie der Kopie, denn Cranachs Original hängt ja im Innsbrucker Dom.) Als man das Bild in Schwandorf sah, bedrängte man Pfarrer Schmidt, es doch der neuen Kreuzbergkirche als Stiftung zu überlassen.

Die Marienkapelle musste zweimal erweitert werden, Ende des 17. und Ende des 18. Jahrhunderts, ein Indiz dafür, dass die Wallfahrt immer größeren Zuspruch erfuhr. Selbst über die Zeit der Säkularisation rettete man die mittlerweile im Rokokostil mit Seitenaltären und Kanzel ausgestattete Wallfahrtskirche hinweg … ein drohender Verkauf und Abriss konnten verhindert werden. Dem Bombenhagel jedoch, wenige Tage vor Kriegsende, entging sie nicht.
Die Ruinenreste, in denen übrigens „wundersamer Weise“ das Gnadenbild gefunden wurde, mussten bis auf die alten Chormauern komplett abgetragen werden. 1949 erfolgte die Grundsteinlegung für einen Neubau, dessen moderne Fresken, Mosaiken und Skulpturen einmal einen reizvollen „anderen“ Stileindruck vermitteln als die normalerweise fast immer barocken Ausgestaltungen der übrigen Wallfahrtskirchen. Die abgewinkelt zueinander stehenden Doppeltürme sind weithin sichtbar und beinahe so etwas wie ein Wahrzeichen Schwandorfs.

Seit 1889 betreut der Orden der Unbeschuhten Karmeliten die Wallfahrt. Im Jahre 2009 kamen OCD Patres aus Indien, die sich um die Pfarrei und die Wallfahrt kümmern.

In der Nacht vom 16. auf den 17. April 1945 legte ein britisch-kanadischer Bomberverband weite Teile von Schwandorf in Schutt und Asche. Über 1200 Tote waren zu beklagen. Die Kreuzbergkirche war nur noch eine Ruine.

Ein ungewohntes, aber stimmiges Gesamtbild empfängt den Kirchenbesucher. Hochaltar, Kreuzweg, Eingangsportal, Beichtstühle und Engel an der Orgel zeugen vom Kunstsinn des 20. Jahrhunderts. Die neue Farbgestaltung aus dem Jahre 2009 vervollkommnet das eindrucksvolle Kunstwerk.

KREUZWEG AUF DEN EHEMALIGEN GAISBERG

Heilige Dreifaltigkeit in Burglengenfeld

Unverkennbar ist das Aufblühen des Dreifaltigkeitskultes auch und gerade in der Oberpfalz für die Dekaden des 17. Jahrhunderts. Der ehemalige Generaldirektor der Bayerischen Staatlichen Bibliotheken, Eberhard Dünninger, sieht darin einen „Ausdruck barocker Frömmigkeit und spekulativer Theologie zugleich".

Auch die Burglengenfelder haben ihre Dreifaltigkeitskirche, in deren Zeichen ist sie geweiht. Und dennoch steht das Kreuzesmotiv unverkennbar im Vordergrund, in Burglengenfeld spricht auch jeder von der Kreuzbergkirche. Errichtet wurde sie auf dem ehemals sogenannten Gaisberg. Heute zieht sich ein vorwiegend von hohen Ahornbäumen beschatteter Weg hinauf. Ihn säumen gemauerte Bildstöcke mit den 14 Kreuzwegstationen. Ursprünglich waren die Darstellungen 1816 von dem Kallmünzer Georg Hämmerl auf Bleche gemalt worden. Das Original der achten Station wird im Volkskundemuseum Burglengenfeld aufbewahrt. 1978 wurden die Kreuzwegmotive von Friedrich Graf neu ausgeführt, direkt auf den Verputz der Bildstocknischen. Von dem in den 1990er-Jahren verstorbenen Künstler – unter anderem war er Kulissenmaler am Bayerischen Staatsschauspiel in München – hängt noch heute manche Arbeit in Burglengenfelder Wohnstuben.

Am Fuße des Berges beginnt der Kreuzweg mit einer großen Ölberg-Figurengruppe. Während dem Heiland am Abend vor Karfreitag ein Engel erscheint, schlafen drei seiner Jünger. Weiter oben, nach der 14. Kreuzwegstation, wartet ein großes, leeres Kreuz mit über den Querbalken drapiertem Tuch in einer aus Naturstein gemauerten Grotte. Von dort aus sind es nur mehr wenige Treppenstufen und man steht vor dem Chorhaupt der heutigen Kreuzbergkirche, einem Bau von 1836. Er wurde notwendig, nachdem ein Jahr zuvor die ursprüngliche Kapelle nach einem Blitzschlag völlig niedergebrannt war. An der Außenmauer des Chorhauptes eine lebensgroße Kreuzigungsgruppe mit Muttergottes und Maria Magdalena.

Auch im Inneren der Kirche setzt sich am Hochaltar die Kreuzessymbolik noch einmal fort. Das Altargemälde zeigt den gekreuzigten Gottessohn, darunter die Schmerzensmutter. Im Ausgang des Altars ein Bild des gegeißelten Heilands. Von den beiden Seitenaltären stehen jeweils nur mehr die Mensa. Über dem rechten Seitenaltar ist eine lebensgroße Figur des hl. Nepomuk angebracht. Zur Erklärung liest man in der „Historisch-topographischen Beschreibung des Herzogthums Neuburg" im Kapitel „Burglengenfeld" von der „schönen und großen Kirche zu Ehren der heiligen Dreifaltigkeit" auf dem Kreuzberg, „wobey eine Bruderschaft des heiligen Johann von Nepomuk befindlich ist".

Das Deckenfresko über dem Chorraum zeigt die Heilige Dreifaltigkeit.

Weithin sichtbar steht auf dem Gaisberg die Kreuzbergkiche. Der klassizistische Hochaltar, er wurde erst nach dem Brand 1835 beschafft, zeigt die Kreuzerhöhung.
Auf der Kanzelbrüstung sind die drei Kirchenlehrer Augustinus, Gregor von Nazianz und Hieronymus (im Bild) zu sehen.
Mit reichem Schnitzwerk versehen sind die Wangen der Kirchenbänke und die Begrenzung der Bankreihen.

BAROCKES KLEINOD IM SCHWARZACHTAL

St. Maria Dolorosa in Katzdorf bei Neunburg v. W.

Die nur wenige Kilometer westlich von Neunburg vorm Wald auf einem Hügelvorsprung des Plattenberges gelegene Kirche St. Maria Dolorosa in Katzdorf, von den Einheimischen Mater Dolorosa genannt, ist ein viel zu wenig bekanntes Kleinod der Oberpfälzer Sakralbaukunst. Ja, mehr noch: Sie ist eine der ältesten Wallfahrtsorte in der Diözese Regensburg. An ihrer Stelle befand sich schon im 12. Jahrhundert eine Kapelle, die mit einer 1156 urkundlich genannten Burg in Verbindung stand. Damit ist allerdings noch nichts darüber gesagt, wann die Wallfahrt zu diesem besonderen Ort über dem Schwarzachufer einsetzte. Das Gnadenbild jedenfalls, eine geschnitzte Pietà-Darstellung, die man allerdings nicht zweifelsfrei Erasmus Grasser zuschreibt, datiert auf die Zeit kurz vor 1500. Ein außergewöhnlich ausdrucksstarkes Vesperbild, zu dem es im Kirchenführer heißt: „Das edle, auf den Sohn blickende Antlitz der Mutter verrät eher Gefasstheit und demütige Entsagung als Leid und Schmerz." Ohne Zweifel eines der bedeutendsten spätgotischen Sakralkunstwerke der Oberpfalz.

Dass in den Wirren der Reformationszeit das Gnadenbild, während die Wallfahrt mehr oder minder darnieder lag, nicht völlig abhanden kam, ist ein Wunder. Als Kurfürst Maximilian jedenfalls 1625 Ordensbrüder nach Neunburg schickte, um der Sache der Heiligen Römischen Kirche wieder auf die Beine zu helfen, fand man die Pietà in irgendeinem vergessenen Winkel. Nun erlebte die Wallfahrt wieder einen Aufschwung. Knapp hundert Jahre später musste man sich an den Neubau einer größeren Kirche machen. Es entstand jener Zentralbau mit Kuppel gekrönter Rotunde und Westturm, wie er uns heute, nach Renovierungen in den 1990er-Jahren, wieder strahlend und einladend auf seinem Bergvorsprung empfängt.

Wer sein Baumeister war, lässt sich nicht eindeutig belegen. Den in Burglengenfeld geborenen Barockbaumeister Johann Michael Fischer hat man in Betracht gezogen. Doch eher untypisch für ihn, der immer auch wieder Zentralbauten konzipiert hat (z. B. Maria Schnee in Aufhausen), ist der runde Grundriss des Zentralbaus; bei Fischer sind es sonst stets Achtecke. Man betritt den Innenraum übrigens nicht durch den Turm, sondern – auch dies ungewöhnlich – durch ein säulenflankiertes Portal an der Nordseite der Rotunde. Im Inneren fällt der Blick natürlich gleich auf den im Chor stehenden Hochaltar mit dem Gnadenbild. Lässt man den Blick etwas schweifen, fallen noch manch weitere Glanzstücke und Besonderheiten ins Auge. Etwa die Gottvaterfigur mit Weltkugel in der Bekrönung des Altarretabels, die genau vor einem runden Fenster postiert ist und so im Sonnenlicht besonders aufstrahlt. Am Scheitel des Chorbogens ist ein Wappen zu sehen, das mit dem Ortsnamen sein barock-allegorisierendes Spiel treibt: zwei Katzen sind erkennbar, eine auf rotem Grund, die andere in der Wappenkrone sitzend. Bedenkt man, dass die Katze im Mittelalter als „satanisches" Tier galt und zum Beispiel zusammen mit Hexen auf dem Scheiterhaufen landete, ist ein solch äußerst seltenes „Katzentheater" in einem Sakralraum doch sehr bemerkenswert. – Zum Vorplatz der Kirche ist noch zu sagen, dass er barocke Gartengestaltung nachahmt. Fünfzehn Bildsäulen zeigen Darstellungen zu den Rosenkranzgeheimnissen. In der Mitte des Platzes macht auf einem Granitsockel die Muttergottes unter dem Gekreuzigten dem Näherkommenden sogleich augenscheinlich, unter welchem Patronat diese Kirche steht: Mater Dolorosa …

Als „ein löbliches und von Alters her weit berühmtes Gotteshaus" beschrieb schon 1631 der Benefiziat Pratitz das Gotteshaus, und da war der Neubau nach dem Brand 1754 noch gar nicht errichtet. Kircheninnenraum, spätgotische Pietà am Hochaltar, Kanzelengel und noch viele andere Details wie das Katzdorfer Wappen über dem Chorbogen laden ein zu kunstsinniger Betrachtung.

EIN HUFEISEN AN DER KIRCHENTÜR

Mariä Himmelfahrt in Stadlern

Ganz nahe der bayerisch-böhmischen Landesgrenze liegt die kleine Gemeinde Stadlern. Ihre Entstehung hat sie wohl jener Höhenburg zu verdanken, von der nur mehr wenige Mauerreste auf dem nahe gelegenen Reichenstein (874 m) künden. Die Burg diente der Sicherung mittelalterlicher Handelswege, die Bayern mit Böhmen verbanden. Unsicher war die Gegend hier, weil kaum besiedelt, nichts sonst als dichte Waldeinsamkeit. Mit ihr, der Waldeinsamkeit, hat auch die Gründungslegende der Stadlerner Wallfahrt zu tun. Ein Ritter soll sich so sehr im Walddickicht verirrt haben, dass ihm nur mehr ein Gelöbnis als letzte Hoffnung blieb. Eine Kapelle zur Ehre der Muttergottes versprach er zu bauen. Um den Ort dafür zu finden, ritt er nach seiner Errettung ein zweites Mal in den Wald. An einem bestimmten Ort war sein Pferd nicht mehr von der Stelle zu rühren, überdies verlor es ein Hufeisen. Der Platz für die Kapelle war gefunden. Er liegt heute an der Hauptstraße, mitten in Stadlern.

An der hölzernen Eingangstür der Kirche sieht man ein Hufeisen angenagelt, als „handfesten" Beweis für die Richtigkeit der Legende. Die bleibt aber indes genauso im historisch Ungefähren wie das Erbauungsdatum der Kirche. Es gibt darüber keine Quelle, so wie auch kein einziger Name der an Errichtung und Ausstattung beteiligten Baumeister und Künstler überliefert ist. Vom ältesten Bauteil, dem Chor mit seinem Kreuzrippengewölbe (zwei Joche), leitet man ein Entstehungsdatum um zirka 1400 ab. Das dazugehörige gotische Langhaus wurde Mitte des 15. Jahrhunderts bei einem der Hussiteneinfälle zerstört. Es folgte die Zeit der mehrfachen Glaubenswechsel in der Oberpfalz; die Wallfahrt litt sehr darunter. Zeitweise war die Pfarrei ganz aufgelöst. Umso erstaunlicher, dass die Tradition doch nie ganz abbrach. Als 1627 zwei Jesuiten nach Stadlern kamen, konnten sie noch immer von dem „Städla zur Wallfahrt" berichten. In der Barockzeit folgte dann der Neubau der Kirche, so wie sie sich heute – nach einer weiteren Vergrößerung – noch immer zeigt.

Im Inneren der Kirche geht der Blick zunächst zum Hochaltar. Er birgt das Gnadenbild, dessen Besonderheit schon seine vollständige Bezeichnung verrät. Es heißt nämlich „Zu Unserer Lieben Frau aus Erden gebrannt". In der Regel sind Gnadenbilder Schnitzfiguren oder gemalte Darstellungen, die Stadlerner Madonna ist aus Ton modelliert. Oder besser gesagt: Sie war es einmal. Denn es ist nur mehr die Kopfpartie als Bruchstück erhalten, der Rest ging in den Wirren der Glaubensauseinandersetzungen – Stichwort calvinistischer Bildersturm – verloren. Er wurde durch einen holzgeschnitzten Korpus ersetzt. Die Wallfahrt zu dieser besonderen Madonna ist nach wie vor höchst populär. Vor allem am „Großen Frauentag", an Mariä Himmelfahrt, kommen die Pilger in Scharen. Entlang der Hauptstraße gibt es dann einen der größten Standlmärkte dieser Region in unmittelbarer Grenznähe.

An der Orgelempore ist die Entstehung der Wallfahrt dargestellt.

Am 15. August feiert man Gottesdienst am nahen Kalvarienberg, wo seit 2005 ein Christus aus Granit die Gläubigen segnet.
Ein seltenes Fotodokument aus den 1950er-Jahren zeigt den Pfarrer hoch zu Ross bei der Predigt.
Die Apostel Petrus und Paulus flankieren am sechssäuligen barocken Hochaltar die Gnaden-madonna.

„MAURENTÖTER" JAKOBUS ALS SCHUTZPATRON

St. Jakob bei Teunz

Obwohl es die historische Forschung für ziemlich ausgeschlossen hält, dass Jakobus der Ältere überhaupt jemals auf der Iberischen Halbinsel war, pilgert doch alle Welt nach Santiago de Compostela, um dort in der mächtigen Kathedrale vor sein angebliches Grab zu ziehen. Er, der zusammen mit seinem Bruder Johannes, Simon Petrus und Andreas zu den von Jesus „erstberufenen Jüngern" gehörte, ist der Schutzheilige aller Pilger. Und da genau besehen unsere Erdenfahrt nichts anderes ist als eine einzige Pilgerschaft, sind wir letzten Endes alle unterwegs auf dem Jakobsweg. So oder so ähnlich mag die diffuse Motivlage aussehen, die in den letzten Jahrzehnten zu dem ungeheueren Zuwachs bei den Santiago-Pilgern geführt hat. Wobei nicht wenige glauben, es gäbe nur einen Jakobsweg. Doch hier lässt sich das alte Rom-Sprichwort abwandeln zu der nicht weniger wahren Feststellung: Alle Wege führen nach Santiago de Compostela.

Man muss sich einmal eine Karte mit den „Zubringer-Zweigen" zum eigentlichen Jakobsweg anschauen, um zu verstehen: Es ist ein großer Lebens- und Pilgerbaum, der das ganze alte Europa umfasst. Ein Hauptast führt zum Beispiel von Prag über Nürnberg weiter in den Westen nach Frankreich. Bricht man von Prag aus auf, ist die erste Station hinter der böhmisch-bayerischen Grenze Fuchsberg, ein Gemeindeteil von Teunz. Hier steht das kleine, liebenswürdige St.-Jakobs-Kirchlein im Schatten zweier mächtiger Kastanien etwas außerhalb des Ortes auf einer Anhöhe.

Über das genaue Alter der Wallfahrtsstätte weiß man nichts Verlässliches. Ein Bildstock soll hier gestanden haben mit einem auf Holz gemalten hl. Jakob. Die heutige Kirche ist Mitte des 18. Jahrhunderts erbaut worden. Stifter ist Graf Carl-Clement von Taufkirchen, zusammen mit seiner Ehefrau Eleonora. Die beiden hatten einen Sohn, der an einem der Türkenkriege dieser Zeit als Kavallerieoffizier teilnahm. Damit ihm nichts geschehe, versuchten sie, den heiligen Jakob als Schutzpatron mit diesem Kirchenbau gnädig zu stimmen. Das ist insofern nachvollziehbar, als Jakob seit dem 9. Jahrhundert als der große „Maurentöter" gilt, als himmlischer Beistand bei allen Kriegen gegen die muslimischen Feinde. Schon dem König von Asturien soll er geholfen haben, die Ungläubigen aus dem Land zu werfen. Mehrere Tausend Muselmänner habe er alleine vom Rücken seines Pferdes aus zerstückelt, so die Legende.

Das rechte Bild der Emporenbemalung im Fuchsberger Kirchlein zeigt die martialische Auseinandersetzung der Glaubenskrieger. Es stellt einen Ausschnitt aus der Schlacht von Clavigo im Jahre 844 dar. Auf der linken Seite noch ein weiteres Kriegsgeschehen, hier sieht man, wie der Heilige dem Sohn des Stifter-Ehepaares beisteht. Das Paar ist zusammen mit dem Familienwappen abgebildet. Gegenüber der Empore steht der Altar mit dem Gemälde des hl. Jakobus. Er ist mit den üblichen Attributen, Wanderstab und Muschel, dargestellt. Früher hatte die Kirche auch noch einen Predigtstuhl und einen Seitenaltar. Nachdem aber in den 1960er-Jahren Kirchenräuber hier einbrachen, hat man sich nach einer Renovierung für eine „verschlankte" Ausstattung entschieden. Dem besonderen Charme dieser ländlichen Jakobikirche tut das aber keinerlei Abbruch.

Die Jakobikirche bestimmt das Landschaftsbild am Westabhang der fast 600 Meter hohen Platte.
Statue und Hochaltarbild zeigen den hl. Jakobus mit Pilgerstab und Muschel.
Pfarrer Herbert Rösl feiert vor der Kirche den Erntedankgottesdienst. Die Erntedankkrone war vorher von der Landjugend in feierlicher Prozession von Fuchsberg hierher gebracht worden.

Über die Baumwipfel des sanft gewellten Falkensteiner Vorwaldes ragt weithin sichtbar der Zwiebelturm von Marienstein.

Landkreis CHAM

IN DEN ÄSTEN EINES BAUMES GEBORGEN

Mariä Himmelfahrt in Ast

Schon von Weitem fällt er auf, der wuchtige, quadratische Turm mit Zeltdach der Mariä-Himmelfahrts-Kirche in Ast bei Waldmünchen. Man wundert sich ein wenig: Eine solch dominant wirkende dreischiffige Basilika in einem Dorf von etwas mehr als zweihundert Einwohnern, das ist höchst erstaunlich und für eine gewöhnliche Landkirche kaum erklärbar. Ob zur Bauzeit der Kirche, in der zweiten Hälfte des 13. Jahrhunderts, etwa schon eine rege Wallfahrt blühte? Aber auch dann wäre der Bau eigentlich überdimensioniert. Ob er gar ursprünglich als Klosterkirche vorgesehen war? Von Mönchen aus dem Ur- und Missionskloster Chammünster ist die Rede, die vor anstürmenden Hunnen sich in Sicherheit gebracht hätten. Das wäre dann aber schon zu Beginn des 10. Jahrhunderts gewesen, und es müsste wohl eine Vorläuferkirche gegeben haben.

Doch das sind alles Spekulationen. Urkundlich fassbar ist, dass 1265 das Patronatsrecht an einer Kirche in Ast dem Kloster Walderbach bestätigt wurde. In Walderbach waren Zisterzienser, und „zisterziensisch“ ließe sich auch der sonst eher seltene Typus eines rechtwinkeligen Chor-Grundrisses nennen. 1665 jedenfalls erfolgte ein weitgehender Umbau der Kirche, seitdem ist sie dreischiffig, dem Mittelschiff zog man ein Tonnengewölbe ein. Die Ausstattung stammt aus der Rokokozeit. Vielleicht wendet man sich am besten gleich einmal der Predigtkanzel zu, denn hier lässt sich ein Detail betrachten, das uns direkt zur Gründungslegende der Wallfahrt führt. Auf dem Schalldeckel ist nämlich ein verzweigter Ast zu entdecken, der eine Madonna mit Kind umfängt. Die Hintergrundgeschichte dazu geht so: An einem heißen Sommertag soll die Frau des Grafen von der Schwarzenburg bei Rötz mit der Kutsche eine Ausfahrt gemacht haben. Mücken und Bremsen hätten die Rösser so drangsaliert, dass sie durchgegangen seien. In ihrer Not gelobte die Frau, an jener Stelle eine Kapelle zu errichten, wo die Pferde wieder stille stehen würden. Es war jener Bühel in Ast, auf dem die Kirche noch heute leicht erhöht steht.

Als man anfing, den Bauplatz zu roden, entdeckte man plötzlich ein Muttergottesbild, oben in den Ästen eines Baumes. Man barg es und stellte es schließlich in die fertige Kirche.
Es wurde zum Gnadenbild von „Unserer Lieben Frau in Ast“. Es ist übrigens weder das Holzrelief oben auf dem Schalldeckel noch die „Maria auf dem Halbmond“, die in einem Schrein im Hochaltar verwahrt wird. Das ursprüngliche Gnadenbild ging nämlich in den Wirren der Reformationszeit verloren. Das jetzige im Hochaltar ist eine Stiftung der Kötztinger, die das Bildnis bei einer ihrer Wallfahrten mitbrachten. Die bemalte Holzfigur mit dem unbekleideten Jesuskind auf dem Arm entstand Ende des 15. Jahrhunderts.

Zu der Zeit, als das Gnadenbild der Kötztinger nach Ast kam, fing die Wallfahrt gerade wieder an aufzuleben. In der Reformationszeit war sie nämlich völlig zum Erliegen gekommen. Obwohl viele hundert Jahre alt, ist es um die Aster Wallfahrt mittlerweile ruhig geworden. Beim Patroziniumsfest am15. August kommen aus vielen Gegenden Wallfahrer nach Ast, aus Stamsried schon seit über 340 Jahren.

Einmal im Jahr, jeweils am zweiten Sonntag im September, ist die Dorfstraße hinauf zur Kirche voller Leben. Dann nämlich, wenn die Pferdewallfahrt vom nahe gelegenen Waldmünchen aus zu „Unserer Lieben Frau in Ast“ zieht.

Der barocke Hochaltar mit der Madonna und dem Strahlenkranz wird flankiert vom hl. Wolfgang und dem hl. Benedikt im Ordensgewand. Seit 1996 gibt es die Pferdewallfahrt, die von einem eigenen Pferdewallfahrtsverein organisiert wird.
Nicht weit von Ast entfernt liegt die Frauenbrünnlkapelle. Erbaut wurde sie 1802 und um 1900 mit einer Lourdesgrotte ausgestattet.

HUSSITEN-FREVEL AN DER GRENZLANDMADONNA

Mariä Geburt in Neukirchen beim Heiligen Blut

Monsignore Vladislav Sysel, Pilgerführer einer beträchtlichen Schar böhmischer Wallfahrer, brachte am 9. Mai 1990 in einer bewegenden Ansprache zum Ausdruck, was im speziellen Fall von Neukirchen der Wegfall des Eisernen Vorhangs bedeutete. Endlich, nach 45 Jahren gewaltsamer Trennung, konnte dieser besondere Pilgerort in unmittelbarer Grenznähe wieder das sein, was er jahrhundertelang gewesen war: eine bedeutende Marienwallfahrt, die schon immer bayerische und böhmische Pilger zusammengeführt hatte. Pfarrer Sysel meinte: „Liebe Frau von Neukirchen, heute können wir Deinem langen Warten mit Freude antworten: ‚Wir sind schon da!' […] Das siehst Du an der großen Menge, die heute zu Dir aus dem Land gekommen ist, woher Du einst fliehen musstest."

Mit Letzterem spielte er auf die Ursprungslegende der Wallfahrt an. Eine Bauersfrau aus dem böhmischen Loučim soll 1419 eine Madonnenfigur vor hussitischen Bilderstürmern nach Neukirchen in Sicherheit gebracht haben. Ein Anführer der Ketzer spürte sie dennoch auf und warf sie wutentbrannt in einen nahen Brunnen. Dreimal kehrte sie von dort an ihren alten Platz zurück. Da nahm der Hussit sein Schwert und spaltete den Kopf der Holzfigur … Blut floss aus der „Wunde", heiliges Blut, daher auch der Zusatz zum Ortsnamen Neukirchen.

Der Hussit war mit diesem schockhaften Erlebnis übrigens bekehrt. Laut Legende pilgerte er selbst noch mehrmals zur Madonna von Neukirchen. Gleich ihm taten das Abertausende in den darauf folgenden Zeiten. Die Wallfahrt wuchs gewaltig an. Unter Herzog Maximilian I., dem Erzkatholiken und glühenden Marienverehrer, erfolgte der Neubau des Langhauses der Wallfahrtskirche. Nur 40 Jahre später musste man die Franziskaner zu Hilfe holen, um die immer weiter expandierende Wallfahrt zu betreuen. Sie komplettierten den Wallfahrtsbezirk, der etwas nördlich des eigentlichen Marktes lag, um ihren Konvent. Wallfahrts„bezirk" deshalb, weil von der Marienwallfahrtskirche auch noch ein Stationenweg zur etwas höher gelegenen Kapelle zum Heiligen Brunn führt – eine böhmische Wallfahrerin soll 1610 die Heilquelle entdeckt haben.

Die Klosterkirche der Franziskaner wurde gleichfluchtend an die große Wallfahrtskirche angebaut, so dass man in Neukirchen den ziemlich einzigartigen Bauzustand hat, dass zwei Kirchen direkt aneinander „angedockt" sind. Den Hochaltar nutzen beide gleichermaßen von „ihrer Seite" her. Im Zentrum des Altars unter einem Glasschrein das mittelalterliche Gnadenbild. Über 50 unterschiedliche Gewänder hat es für die Holzschnitzfigur mit dem nackten Jesuskind auf dem Arm gegeben, je nach Kirchenkalender und Anlass wurde sie anders geschmückt. Die Zahl hat sich mittlerweile auf 16 reduziert. Das kostbarste davon ist aus dem Brautkleid einer böhmischen Gräfin gefertigt.

Das alles drückt die große Verehrung für die Neukirchener Grenzlandmadonna aus. Die sich beiderseits der Grenze aufmachenden Pilgerströme hin zu ihr stellten aber auch immer schon einen bedeutenden Wirtschaftsfaktor dar. Man baute Pilgerherbergen in dem kleinen Marktort, Rosenkranzherstellung und Devotionalienhandel blühten auf. Die Familien Wittmann aus Neukirchen und Stoiber aus Haibühl taten sich besonders in der Hinterglasmalerei hervor. Man spricht von einer regelrechten „Neukirchener Schule". All diese „Begleitumstände" eines regen Wallfahrtswesens haben speziell in Neukirchen massenhaft Zeugnisse hinterlassen, wozu auch Votivgaben wie Kerzen, Bilder und schmiedeeiserne Kreuze (zum Beispiel auf dem Kirchenvorplatz) gehören. Vieles von dem konnte genutzt werden beim Aufbau des Wallfahrtsmuseums, das 1992 in der Ortsmitte im ehemaligen Pflegschloss eröffnet werden konnte.

Kreuzwegstation auf dem Weg zur Annakapelle, auch als „Kapelle zum Heiligen Brunn" bezeichnet, die malerisch auf einem Hügel über der Wallfahrtskirche steht.

Der Hochaltar, geschaffen um 1750, mit der je nach Anlass anders bekleideten marianischen Gnadenfigur, die aus der Zeit um 1400 stammt.
Ein Hussit spaltet mit dem Schwert das Haupt der Madonna.
Die Orgelempore mit der Darstellung der Gründungslegende.

WUNDERBARES REGEN-PERLEIN
Mariä Himmelfahrt in Weißenregen

Auf „einer sehr lustigen [sic!] Höhe und freyen Feld“ liege Weißenregen, schreibt Pfarrer Johann Wilhelm Zetlbaum aus Blaibach. Der Geistliche veröffentlichte 1748 eine Schrift, die – typisch für die Barockzeit – einen ellenlangen Buchtitel trägt, dessen Anfang wir zumindest zitieren wollen, weil er gar so schön ist: „Wundervolles Regen-Perlein Oder Wunder / und Gnadenreiches Maria-Bild zu Weißenregen / So Die Menge der Gnaden / Wunder / Wohl- und Gutthaten / in solchen Überfluß von sich spüret lasset, dass davon alle Betrangte, und Hilffsuchende Wahlfahrter Erquickung: Trost, Hilff, und Heyl erhalten.“ Regen-Perlein nennt er also das Gnadenbild der „thronenden Muttergottes“ (heute im Mittelschrein des Hochaltars). Damit ist nicht etwa ein Regentropfen gemeint, sondern mit das Kostbarste, was sich ein Bayerwaldler damals vorstellen konnte. Über Jahrhunderte hinweg war die Flussperlfischerei ein Erwerbszweig, über den peinlichst gewacht wurde. Die Perlen mussten an den Kurfürsten in München abgeliefert werden. Widerrechtliches Einbehalten wurde streng bestraft.

Mindestens eine solche Kostbarkeit ist also für Pfarrer Zetlbaum das Weißenregener Gnadenbild. Es stammt aus dem 14. Jahrhundert und war ursprünglich in Nabburg zu Hause. Als die Hussiten die Stadt bedrohten, brachte man es tief in den Bayerischen Wald in Sicherheit. Eine Zeitlang soll es lediglich in einer Eiche aufgehängt gewesen sein. Als diese abbrannte, kam die unversehrte Schnitzfigur erst in einen Bildstock, später in eine kleine Kapelle. 1750 bis 1756 wurde dann die heutige Wallfahrtskirche erbaut. Sie soll übrigens genau so ausgerichtet worden sein, dass die heutige Predigerkanzel sich just an jener Stelle befindet, an der das Gnadenbild in der Eiche geborgen war.

Die Kanzel ist überhaupt das Schmuckstück der Kirche. Der Kötztinger Bildhauer Johann Paul Hager hat sich aber auch ganz etwas Besonderes ausgedacht bei ihrer Gestaltung. Er bringt im Grunde gleich mehrere biblische Erzählungen unter, und das in der einzig verständlichen Form für das oft schriftunkundige Volk, als Bilddarstellungen nämlich. Er zeigt die Heilige Apostolische Kirche als Schiff, das die Gläubigen sicher durch die Stürme des Lebens bringt. So wie schon seinerzeit auf dem See Genezareth, als Jesus seinen Jüngern befahl, mit einem Fischerboot mitten hinein in einen Sturm zu fahren. Jesus folgte ihnen, auf dem Wasser gehend. Solche Wunder waren es, die die Jünger überzeugten, an der Seite ihres Herrn nun Menschenfischer zu werden. Zwei von ihnen sehen wir, über den Kanzelrand gebeugt, wie sie ein echtes geknüpftes Netz halten. Im Schalldeckel der Kanzel wird die Schiffssymbolik noch einmal aufgenommen. Ein Schiffsmast, der aus jenem Eichenstamm herauswächst, in dem das Gnadenbild hängt, wird weiter oben von Gottvater selber gehalten. Und oben, an der Spitze des Aussichtskorbes, sitzt die Taube des Heiligen Geistes. Ein ähnliches Rokokojuwel wie diese Predigtkanzel findet man im ganzen Bayerischen Wald kein zweites Mal.

Die Wallfahrtskirche in Weißenregen kann man ohne weiteres als Gesamtkunstwerk bezeichnen. Sie bestimmt das Landschaftsbild, birgt mit der Fischerkanzel und dem Hochaltar beeindruckende Sakralkunst. Viele Votivgaben, vom Tafelbild auf einem Baumstamm bis zu den Silbervotiven, zeugen von der wundertätigen Hilfe der Gottesmutter.

SCHUTZPATRONE FÜR ALLE LEBENSLAGEN

Vierzehn Nothelfer in Sackenried

Am Barbaratag, dem 4. Dezember, soll man sich ein paar Kirsch-, Apfel- oder Forsythienzweige in eine Vase stellen. Öffnen sich an Weihnachten die Blüten, bedeutet das Segen für das kommende Jahr. Oder eine Christophorusplakette an den Rückspiegel im Auto gehängt, bewahrt davor, aus der Kurve getragen zu werden. Diese und andere Volksbräuche werden ja vielleicht noch von dem ein oder anderen beherzigt. Wer aber weiß um deren Ursprünge? Sie hängen mit den Vierzehn Nothelfern zusammen. Um sich mit deren Bedeutung etwas näher zu befassen, lohnt auf alle Fälle ein Besuch in Sackenried, einer kleinen Ortschaft in der Pfarrei Wettzell. Dort steht, von einer ringförmigen Friedhofsmauer aus dem 16. Jahrhundert umgeben, die Wallfahrtskirche Vierzehn Nothelfer. Das Langhaus wurde in der zweiten Hälfte des 17. Jahrhunderts erbaut, der Chor geht auf spätgotische Zeit zurück. Immerhin ist für den Wallfahrtsort bereits 1209 eine Kirche urkundlich bezeugt. Graf Berthold III. von Bogen überschrieb damals dem Kloster Niederaltaich die Kirche zu Arnbruck sowie drei Kapellen, eine davon in Sackenried. Dies geschah für den Fall, dass Graf Berthold nicht mehr vom Italienfeldzug des deutschen Königs Otto IV. zurückkehren sollte, bei dem er Waffendienst leistete.

Doch uns soll jetzt vor allem der Hochaltar der Sackenrieder Wallfahrtskirche interessieren, er präsentiert nämlich ein besonders reizvolles Schnitzrelief der Vierzehn Nothelfer. Es ist wohl um 1500 herum entstanden, und man mutmaßt, dass es ursprünglich für eine andere Kirche im Viechtacher Raum bestimmt war. Ungewöhnlich ist, dass die vierzehn Heiligen um eine Jesusfigur als Schmerzensmann herum angeordnet sind. Normalerweise steht die Gottesmutter Maria als „Königin der Märtyrer" im Zentrum solcher Darstellungen. Einer der vierzehn ist übrigens gar kein Märtyrer, also jemand, der für seine Glaubensüberzeugung einen gewaltsamen Tod gestorben ist. Es ist dies der hl. Ägidius, Eremitenmönch und Gründer

des Benediktinerklosters Saint-Gilles am Rande der Camargue. Er wird meist mit einer Hirschkuh dargestellt (beim Sackenrieder Relief vorne rechts), soll ihn doch ein solches Tier mit seiner Milch genährt haben. Ägidius gilt unter anderem als Schutzpatron stillender Mütter.

Weiterhin leicht zu identifizieren ist der hl. Georg als Drachentöter rechts neben der Jesusfigur. Links von ihr Christophorus mit dem Jesuskind auf der Schulter. Direkt über dem Jesuskind eine Heilige mit Krone. Das Bruchstück eines Wagenrades „verrät" sie als die zyprische Königstochter Katharina, die gerädert wurde. Sie ist eine der „heiligen drei Madl" (mehr unter St. Barbara auf dem Eixlberg), zusammen mit der hl. Barbara (links oben mit dem Turm) und der hl. Margareta die einzigen Frauen unter den Vierzehn Nothelfern. Und so ließen sich für alle anderen auch noch die entsprechenden Attribute ausmachen – der enthauptete hl. Dionysius trägt seinen eigenen Kopf unterm Arm –, man liest im Sackenrieder Altarrelief wie in einem Buch mit vielen, teils schauderhaften, immer aber heiligen Geschichten.

Eine Besonderheit der Sackenrieder Wallfahrt sind die eisernen Votivtiere, die am Patrozinitumstag um den Hochaltar getragen werden.

Sackenried ist ein Beispiel dafür, welche Kunstschätze oft in kleinen Dorfkirchen zu finden sind. Die ringförmige Friedhofsmauer mit dem spitzbogigen Tor friedet Wallfahrtskirche und Seelenkapelle ein.

Hinterglasvotivbild mit den vierzehn Nothelfern aus dem Jahre 1820. Die Familie des Stifters ist unten auf dem Bild zu sehen. Das Kreuz über dem Kopf der vierten Person von links sagt aus, dass sie schon verstorben ist.

REITERPROZESSION UND PFINGSTHOCHZEIT

St. Nikolaus in Steinbühl bei Bad Kötzting

Eine kaum zu übersehende Schar von Reitern ist es, die sich jedes Jahr am Pfingstmontag auf den Weg macht, um in eindrucksvoller Prozession von Bad Kötzting durchs Zellertal bis nach Steinbühl zu ziehen. Der „Kötztinger Pfingstritt" wird deshalb nicht zu Unrecht als eine der größten Reiterwallfahrten in ganz Europa bezeichnet. In Bayern gibt es Vergleichbares eigentlich nur noch beim Leonhardiritt in Bad Tölz. 2012 beging man das 600-jährige Jubiläum des Pfingstrittes, sage und schreibe 1016 Pferde wurden dabei gezählt. Über den Ursprung dieser imponierenden Tradition gibt es gleich mehrere Legenden, die den Grundtypus der Geschichte variieren. Dieser besagt, dass ein Geistlicher zu Pferd einem Sterbenden die Provisur erteilen wollte, also die Spendung der Sterbesakramente. In der am häufigsten erwähnten Version ist von einem Bauern im Dorf Steinbühl der Rede. Da der Ritt von Kötzting aus, eigentlich nur sieben Kilometer, dem Kirchenmann zu gefahrvoll erschien, nahm er sich einige Kötztinger Burschen als Begleitschutz mit. In bestimmten Fassungen der Geschichte kommt es auf dem Heimweg, nachdem der Sterbende versorgt worden ist, tatsächlich zu einem Überfall durch Wegelagerer. Wie dem auch sei, letzten Endes geht die Geschichte gut und mit einer unversehrten Rückkehr aller aus. Grund genug für ein Gelöbnis, diesen Ritt nun alljährlich zu wiederholen.

Laut Legende wird das Geschehnis auf das Jahr 1412 datiert. Fakt aber ist: Die St.-Nikolaus-Kirche ist weitaus älter, ihre frühesten Bauteile stammen aus der Mitte des 14. Jahrhunderts. Vielleicht ist Steinbühl auch ein noch älterer Kultplatz und die Ursprünge des „Pfingstrittes" sogar heidnischer Natur. Jedenfalls taucht in bestimmten Gründungslegenden auch ein Motiv auf, das als Abwehrbrauch gegen Viehseuchen zu deuten wäre. Dazu passt auch das Patronat der Expositurkirche in Steinbühl: Der heilige Nikolaus gilt nämlich, ähnlich wie Leonhard und Wendelin, als Rossheiliger. Jedenfalls schicken die Pfingstreiter die Bittgebete an seine Adresse.

Doch vor der eigentlichen Reitermesse in Steinbühl steht der ungefähr eineinhalbstündige Ritt. Bevor der in Kötzting startet, ist bereits viel geschehen. Bereits um fünf Uhr früh erschallt der Weckruf von Blechmusik und Spielmannszug in den Straßen der Stadt. Auf Tor- und Marktstraße im Schatten der St.-Veits-Kirche nehmen die Reiter Aufstellung, vorneweg die „Reiterspitze", bestehend aus einem Kreuz- und zwei Laternenträgern, Kaplan, Mesner, Ministranten sowie den beiden Brautführern, die den Pfingstbräutigam begleiten. Letzterer stellt gewissermaßen die Verbindung zwischen dem eigentlichen religiösen Pfingstritt-Fest und der sich anschließenden weltlichen „Pfingsthochzeit" dar. Mit der Ernennung zum Pfingstbräutigam soll ein lediger Bürgerssohn der Stadt Kötzting ausgezeichnet werden. Er seinerseits erwählt sich eine Pfingstbraut, das Paar hat in der Folge eine ganze Reihe repräsentativer Auftritte zu meistern. Mit der Pfingsthochzeit enden die Feierlichkeiten in der Stadt am Fuße des Kaitersberges. Freilich ist sie eine „Hochzeit" nur dem Namen nach. Es handelt sich um ein ritualisiertes Brauchtumsfest, bei dem mittlerweile der Burschenverein das Regiment übernommen hat.

Erst im Jahre 1956 wurden die Fresken im Presbyterium von St. Nikolaus freigelegt. Zusammen mit den archaisch wirkenden Köpfen der Konsolen der Gewölberippen bieten sie das unverfälschte Bild des Chorraums einer spätgotischen Kirche.

Die alte Hufeisentüre ist jetzt im Inneren der Kirche aufbewahrt. Nach alter Überlieferung wurde früher für jedes kranke Pferd, das wieder gesundete, dem hl. Nikolaus ein Hufeisen als Weihegabe geopfert und an die Kirchentüre genagelt.

EINST KELTISCHE WALLANLAGE

St. Walburga auf dem Lamberg bei Chammünster

An uralten Handelswegen zwischen Bayern und Böhmen in der Cham-Further Senke gelegen, war der Lamberg schon immer ein ganz besonderer Platz, ja ein Kraftort und „Heiliger Berg". Schon die Kelten siedelten hier und hatten auf dem Bergplateau (602 Meter hoch) eine Viereckschanze als Kultstätte. Über die Berghänge ziehen sich mehrere Wallanlagen. Erst jüngst haben wissenschaftlich begleitete Grabungen ergeben, dass die älteste davon in die Bronze- beziehungsweise Eisenzeit zu datieren ist. Nur mehr spärliche Reste eines Ringwalles mit Graben und ein unterirdischer Gewölberaum lassen sich indes von der einstigen Burganlage finden, die die Siedlungsgeschichte des Lambergs gewissermaßen fortsetzte.

Schon mit der Burgkapelle als Andachtsort etablierte sich eine Wallfahrt zur hl. Walburga. In der Reformationszeit wurde das Kirchlein abgerissen, doch die Pilger kamen weiterhin und beteten vor den Ruinen. 1628 erbauten Jesuiten eine neue Kapelle. Wie rasch die Lamberg-Wallfahrt wieder in höchster Blüte stand, zeigt ein urkundlicher Eintrag zum 1. Mai 1654. An diesem der Walpurgisnacht folgenden Tag strömten 6000 Pilger auf den Berg … und das hat nicht das Geringste mit Hexensabbaten zu tun. Die Walpurgisnacht heißt seit dem Mittelalter so, weil just an diesem Tag die Heiligsprechung der Äbtissin von Heidenheim und die Übertragung ihrer Gebeine in ein Kloster bei Eichstätt stattfanden.

Mit der Säkularisation kam es zu einer erneuten Teilzerstörung der Kirche, die Ausstattungsstücke wurden geplündert und in alle Winde zerstreut. Wie viel der Lamberg der Bevölkerung jedoch schon immer bedeutete, zeigt der Umstand, dass es allein durch Spenden der Chamer Bürger 1832 zur Wiederinstandsetzung der Kirche kam. Die Wallfahrt lebte wieder mächtig auf. Dreißig Jahre später konnten zwei Studenten aus Leipzig bei ihrer Wanderung feststellen, dass die bewaldeten Hänge des Lamberges „von tausend Wegen gekreuzt" seien, „die aber offenbar nur von der Menge der Wallfahrer getreten sind". Bei den beiden handelte es sich um Friedrich Nietzsche und seinen Freund Erwin Rohde. In der Tat war der große Christentumskritiker Besucher dieser urkatholischen Pilgerstätte, sein Studienkollege Rohde hat darüber einen hinreißenden Reisebericht verfasst. Nietzsche selber notierte lediglich, dass er auf dem Gipfel ein Glas Milch für zwölf Kreuzer getrunken habe.

Denn neben der Kirche stand – so wie es sich für bayerische Wallfahrtsorte eigentlich gehört – eine Waldhütte mit Einkehrmöglichkeit. Aus ihr ging das Wirtshaus auf dem Lamberg hervor, das zuletzt jahrzehntelang von Max Lankes und seiner Familie geführt wurde. Der Lamberger Wirt überraschte die Gäste immer wieder mit seinem ungeheuren historischen Kenntnisstand über den Lamberg … an der Errichtung eines Friedrich-Nietzsche-Wanderweges war er auch nicht ganz unschuldig. Nachdem Max Lankes aufgehört hatte, war das Wirtshaus lange Zeit verwaist und drohte zu verkommen. Mit Geldern der Kirchenverwaltung Chammünster und teilweise ehrenamtlichem Engagement wurde es schließlich renoviert. Was im Herbst 2013 noch fehlte, war die Zustimmung der Bistumsleitung zur Wiedereröffnung.

Bei Chammünster erhebt sich über dem Regental der Lamberg. An der Außenmauer der Kirche auf dem Bergplateau begrüßt den Besucher eine Sonnenuhr mit der seltenen Darstellung von Jäger und Bär, bevor er die Kirche betritt und die vielen Votivbilder in der rechten Seitenkapelle bestaunt.

EIN GESUNDBRUNNEN MITTEN IM WALD

Unsere Liebe Frau in Heilbrünnl bei Roding

„Schon seit grauer Vorzeit Tagen / sprang hier immer frisch ein Quell", heißt es in dem anonymen Reimgedicht, das man ins Langhaus der Wallfahrtskirche von Heilbrünnl bei Roding gehängt hat, gleich schräg unterhalb der großen Joachimsfigur, einer eher selten dargestellten Heiligkeit. Sie hat prekären Status, kommt lediglich in den apokryphen, also nicht kanonisierten Evangelien vor. Demnach ist der hl. Joachim Marias Vater, Opa des Jesuskindes. Das Gedicht, um dabei zu bleiben, erzählt liebenswürdig-naiv in volkstümlicher Weise die Entstehungsgeschichte der Heilbrünnler Wallfahrt: Ein Hirte entdeckt eines Tages in einem Quellbach im Wald, gleich oberhalb des Regenflusses, ein Marienbildnis und versucht, es aus dem Wasser zu ziehen. Doch es entgleitet immer wieder seinen sündigen Händen. Schließlich gibt er auf, eilt in den nahe gelegenen Markt Roding und verbreitet dort unter den Leuten aufgeregt das von ihm erlebte Mirakel. Erst einem Geistlichen gelang es, das Marienbildnis zu bergen. Von da an wallfahren die Menschen zur Lieben Frau vom Heilbrünnl.

1668 soll eine erste Kapelle errichtet worden sein, 1684 musste sie bereits erweitert werden. Der Bau der heutigen Rokokokirche wird 1730 fertiggestellt: Ein einfacher, weiträumiger Saalbau ist es geworden, ausgestattet mit einer doppelgeschossigen Orgelempore, einer Predigtkanzel mit Rocailledekor (wer sich wundert: sie ist über einen unsichtbaren Gang von der Sakristei aus erreichbar), zwei Seitenaltären und dem Hauptaltar. Präsentiert und gehalten von Engeln und Putten stellt er das eigentliche Gnadenbild aus, eine „ikonisierte Muttergottes" … eine stark vergrößerte Kopie davon hängt an der westlichen Außenmauer der Kirche und empfängt die Pilger schon von Weitem, wenn sie den stufengefassten Kreuzweg vom Ufer des Regens heraufkommen. Unübersehbar vor dem Altarraum postiert ist das ovale Rotmarmorbecken, in das unablässig das Wasser der Heilquelle plätschert. (Übrigens entspringt es nicht direkt unter dem Kirchenraum, wie man vielleicht meinen möchte, sondern wird von draußen über eine Rohrleitung hierher gebracht.) „Viele, die an den Augen litten oder lahme Glieder hatten oder sonst von Kräften gekommen waren, erlangten wieder ihre Gesundheit", heißt es Ende des 19. Jahrhunderts in einem Volksbüchlein aus Leipzig über die Heilkräfte vom „Hochbrünnl", wie der Platz der Wallfahrtskirche, seiner Lage über dem Regen wegen, noch genannt wird. Wer's nicht glaubt, der betrachte die „Beweise" auf den Bilddarstellungen an der Empore … oder aber die vielen Votivtafeln, die in einem gesonderten Raum aufbewahrt werden.

Das Heilbrünnl ist noch immer eine viel besuchte Wallfahrtsstätte. Das ganze Ambiente, der herrliche Ausblick überm Regental, die gleich neben der Kirche stehende „Wallfahrer Gaststätte" mit Biergarten, das alles mag mit dazu beitragen. Vor allen an den sogenannten Frauentagen, also den Marienfesten, wie Mariä Heimsuchung, Mariä Himmelfahrt oder Mariä Geburt, strömen die Pilgerscharen. Und sammeln sich erst einmal am Becken des großen Marienbrunnens vor der Kirche. Um dann einzuziehen ins Haus „Unserer Lieben Frau", das auch an den heißesten Sommertagen, dank seiner schattigen Lage mitten im Wald, stets Kühlung spendet.

Die Bilder der Orgelempore erzählen die Entstehung der Wallfahrt. Erst einem Geistlichen aus Roding gelingt es, das Marienbildnis aus dem Wasser zu bergen. Anschließend wurde es erst einmal in einem Bildstock aufbewahrt.

Das Gnadenbild des Hochaltars wurde nach dem berühmten Bild „Salus populi Romani“ in der Basilika Santa Maria Maggiore in Rom gemalt. Das Jesuskind hält einen Apfel in der Hand und blickt zur Mutter auf.

Nicht weit von Roding, bei Untertraubenbach, liegt mitten im Wald die kleine, neogotische Kapelle Streicherröhren, erbaut 1860. Vor ihr ist eine Quelle gefasst, der man heilbringende Wirkung zuschreibt.

IM KAMPF MIT EINEM SATANISCHEN EBER

St. Peter und Paul in Marienstein

Im Falkensteiner Vorwald über dem Perlbachtal ragt ein steiler Granithügel auf, der sogenannte Marienstein, im Volksmund auch „Mandlstoa" genannt. Auf dem nicht sehr ausgedehnten Plateau steht die Wallfahrtskirche St. Peter und Paul, ja, der Platz dort oben ist so eng, dass der Westturm des Kirchleins sich ganz nah an den Fels hindrücken muss. Es ist dabei ein enger Durchschlupf entstanden. „Man muss sich bücken und durchzwängen, um durchgehen zu können. Hierher kamen die Gläubigen, um körperliche Leiden oder seelische Schmerzen abzustreifen", lässt Heinz Glashauser den ehemaligen Mesner der Wallfahrtskirche sagen, in seinem bemerkenswerten Aufsatz über den „Marienstein an der Nahtstelle zwischen Heiden- und Christentum". Heinz Glashauser ist Lehrer und in seiner Freizeit passionierter „Steineforscher". Er hat die teils imposanten Granitformationen des Falkensteiner Vorwaldes eingehend studiert und zighundertfach fotografiert. Für ihn sind die Indizien eindeutig: Der Marienstein muss eine uralte Kultstätte gewesen sein.

Eine weitere Durchschlupfstelle gibt es am „Riesentisch", gleich in der Nähe der Kirche. Hier findet man auch noch einen Schalenstein für Opfergaben, die man entrichtete, nachdem man Gebrechen auf diese Art abgestreift hatte. Über den Heilritus des Durchschlüpfens schreibt Karl Schwarzfischer in den Heften des Arbeitskreises für Erdstallforschungen: „Immer sind

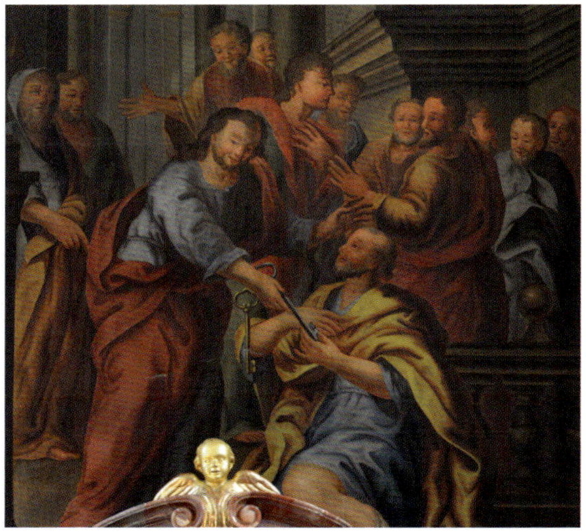

die Öffnungen, durch die man kriecht, so eng, dass der Körper mit der Erde in Berührung kommt. Der Glaube an Heilung durch Abstreifen hat sich später auf Felsen und Steine übertragen. Sie sind Elemente der Erde, und ihr Kult reicht in die vorgeschichtliche Zeit zurück." Mit vorgeschichtlichen Relikten erklärt sich unter Umständen auch eine ganz bestimmte Sage, die mit der Kirche auf dem Marienstein zusammenhängt. Am Tag der Kirch-Weihe soll sich der Teufel in ein riesiges Schwein verwandelt haben, um mit fürchterlichem Grunzen die herbeigekommenen Gläubigen zu erschrecken. Die aber schlossen sich in das neue Gotteshaus ein, riefen den Kirchenpatron Petrus um Hilfe an und der schlug dem riesenhaften Schwein den Kopf ab. Weiß man, dass der Eber ein heiliges Tier der Kelten gewesen sein soll, kann man die ganze Auseinandersetzung auch als Kampf zwischen Heidentum und Christentum deuten.

Aber zur Kirche selbst: Sie soll ein Sühnezeichen des Burgherrn vom Sengersberg sein, der seinen eigenen Bruder ermordete. Nachdem er eine Kapelle auf dem Marienstein erbauen ließ, zog er sich ins Kloster von Walderbach zurück. 1719 machte man sich an einen Neubau der Kirche, der allerdings am 18. März 1821 durch einen Blitzschlag komplett eingeäschert wurde. Die Mariensteiner Kirche musste von neuem errichtet werden. 1848 wurde der steile Treppenzugang in Angriff genommen, den noch heute jeder Besucher des Kirchleins erklimmen muss, 92 behauene Steinstufen sind es. Im Inneren ist es vor allem der Hochaltar, der die Aufmerksamkeit auf sich zieht. Er stammt aus der Bauzeit der Kirche, 1721, und wurde vom Schreiner Paul Plattner gefertigt. Das Altarblatt zeigt die Schlüsselübergabe an Petrus. Bemerkenswert die Muttergottesfigur aus der Zeit um 1500, die an der Nordwand angebracht ist. Manche bezeichnen sie als das Mariensteiner Gnadenbild, was aber nicht mit dem Patronat in Übereinstimmung zu bringen ist.

Detail aus dem Altarblatt mit der Schlüsselübergabe an Petrus. Über den Maler dieses Werkes sind keine Quellen vorhanden.

Im Kontrast zum Hochaltar von 1721 stehen die Deckenfresken von Franz Berg von 1996 und die modernen Glasfenster. Eines davon greift das Thema „Jesus mit den Aposteln auf dem Meer beim Fischfang“ auf.

Weithin sichtbar als Landmarke und als Zeichen des Glaubens steht die Pfarr- und Wallfahrtskirche zur Heiligsten Dreifaltigkeit auf dem Eichlberg bei Hemau.

Landkreis REGENSBURG

GNADENKAPELLE IN KIRCHE INTEGRIERT

Heiligste Dreifaltigkeit auf dem Eichlberg

Eichlberg ist ein kleiner Ort, wenige Kilometer nordwestlich von Hemau. Eichlberg ist zudem der Name des 582 Meter hohen Bergkegels, der sich aus der Hochebene des Oberpfälzer Juras erhebt und auf dem nicht nur der gleichnamige Ort, sondern auch noch die Pfarr- und Wallfahrtskirche zur Heiligsten Dreifaltigkeit ihren Platz gefunden hat. Weithin sichtbar sind das Langhaus mit den weißen Pilastern auf dem ansonsten gelben Fassadenputz sowie der schmale Westturm mit seiner Laternenzwiebelhaube. Wie exponiert die Lage dort oben auf dem Eichlberg ist, mag die Tatsache veranschaulichen, dass der Orkan Wiebke 1990 dem Kirchturm sein Blechdach heruntergerissen hat.

Der Eichlberg ist eines der seltenen Beispiele dafür, dass der Ursprung eines Gnadenortes – oft nur eine kleine Kapelle – nicht einfach weggerissen und durch einen größeren Nachfolgebau ersetzt, sondern als Ganzes in den neuen Kirchenbau integriert wird. Man betritt die Wallfahrtskirche durch das Portal im Westturm. Auf der gegenüberliegenden Seite des Langhauses im Chor befindet sich an dessen Nordseite die ursprüngliche Gnadenkapelle. Sie ist zweigeteilt. Der kreuzrippengewölbte Andachtsraum ist niedrig, an seinen Wänden sind zahlreiche Votivgaben, Bilder, aber auch Silberminiaturen, die geheilte Gliedmaßen bezeugen sollen. Daran schließt sich der achteckige Altarraum mit Kappengewölbe an, dessen Scheitel eine Kuppellaterne ziert, die das Licht sammelt und so den Gnadenaltar in eine helle Aura versetzt. Hier findet man das eigentliche Gnadenbild, es stellt die Krönung Mariens durch die Heiligste Dreifaltigkeit dar. Der Gnadenaltar ist frei umgehbar, wie es damals immer üblich war. Auf der Rückseite des Altars befindet sich der Bildstock, der Ursprung der Wallfahrt, an dem ursprünglich das Gnadenbild zu sehen war. Dieser Eichenstamm ist ziemlich deformiert, weil frühere Pilger sich dort Holzstücke herausgeschnitten haben.

Was es mit dem Gnadenbild und dadurch mit dem Ursprung der Wallfahrt auf sich hat, erzählen drei Deckenfresken auf dem Gewölbe im Andachtsraum. Auf einem sieht man eine Frau vor einem Bildstock. Es handelt sich, der Legende nach, um Margareth Lutz, Frau des Mesners von Neukirchen. Sie soll wiederholt Stimmen gehört haben, die ihr den Auftrag erteilten zur Errichtung einer Andachtsstätte auf dem Eichlberg. Anfänglich wurde das Gnadenbild an einer Säule angebracht, allein schon an dieser weihevollen Handlung sollen 3000 Wallfahrer teilgenommen haben. Durch die nun immer zahlreicher herbeiströmenden Pilger und ihre Gaben wurde erst die Errichtung der Kapelle und schließlich der heutigen Wallfahrtskirche möglich. Diese mittlere und endgültige Entwicklungsstufe der Eichlberger Wallfahrt stellen die beiden anderen Fresken dar.

Die größere Wallfahrtskirche wurde übrigens nur zwei Jahre nach Fertigstellung der kleinen Ursprungskapelle in Angriff genommen. Ein Indiz mehr dafür, wie bedeutend dieser Pilgerort von Anfang an war. Das mag man auch an dem Umstand ablesen, dass die Planung des Baus, der von Kurfürst Philipp Wilhelm und dem Regensburger Bischof Clemens gefördert wurde, dem aus Graubünden gebürtigen Johann Baptist Camesino übertragen wurde. Das Gewölbe und der Turm wurden unter dem Baumeister Martin Strauß von Stadtamhof vollendet. Camesino war im benachbarten Fürstbistum Eichstätt tätig, weitere Bauausführungen von ihm lassen sich von Berching über Kloster Plankstetten bis Altendorf bei Mörnsheim finden.

In einer Bildnische an der östlichen Chorwand ist die Darstellung der Kreuzigung mit lebensgroßen Holzfiguren, eine Besonderheit unter den Oberpfälzer Wallfahrtsstätten.

Umkränzt von Engeln steht Christus an der Martersäule. Diese Schnitzarbeit ist eine bemerkenswerte Arbeit der späten Barockzeit.

Von sechs Säulen flankiert und reich geschmückt ist der Hochaltar mit dem Gnadenbild der Krönung Mariens durch die Heiligste Dreifaltigkeit. Neben den Säulen stehen die vier in Gold gefassten Evangelisten.
In der kleinen Gnadenkapelle zeugen zahlreiche Votivgaben von Heilungen und Gebetserhörungen.

URSPRUNG WAR EINE MARTERSÄULE

Maria-Hilf über Beratzhausen

Auf einem Hügel nördlich des Marktes Beratzhausen steht die Wallfahrtskirche Maria-Hilf, ein Saalbau von vier Jochen. Der Chor ist eingezogen und halbrund geschlossen. Statt eines Kirchturms gibt es lediglich einen Dachreiter. Auf einer historischen Fotoaufnahme – um die Kirche herum sieht man eine weidende Schafherde – ist zu erkennen, dass dieser Reiter früher ein spitz zulaufendes Pyramidendach trug. Mittlerweile krönt ihn eine Zwiebelhaube.

Auch wenn ein massiver, hoher Kirchturm fehlt, so muss dennoch von einer unverkennbaren Fernwirkung des Kirchenbaus gesprochen werden. Das macht seine Lage auf dem Beratzhausener Mariahilfberg aus. Vom Tal der Laber führt ein Weg zur Kirche hinauf, den Aufstieg begleitend gibt es kleine Bilddarstellungen, die die Karfreitags- und Ostergeschichte erzählen. Ein solch „erhöhtes" Zur-Schau-Stellen von Orten der Marienverehrung findet man häufig, man vergleiche nur die Mariahilfkirchen in Neumarkt, in Amberg oder auf dem Pinzigberg bei Auerbach. Allerdings scheinen die Ursprünge der Wallfahrt im Falle von Beratzhausen gar nicht in der besonders volkstümlichen Marienverehrung zu liegen. Denn ursprünglich, heißt es, stand auf dem Hügel eine Martersäule. Diese – auch Geißel- oder Passionssäule genannt – fand ab dem 10. Jahrhundert vermehrt Eingang in die christliche Ikonographie. Meist wird der Heiland dargestellt in der Nacht vor seiner Kreuzigung, wie er mit Ketten an eine Steinsäule gefesselt ist. Manchmal kommen noch zusätzlich römische Soldaten zur Darstellung, die ihn mit Geißeln schlagen. Mit solch drastischer Bildlichkeit sollte das damals noch zu weiten Teilen schriftunkundige Volk mit der Passionsgeschichte vertraut gemacht werden. Im späten Mittelalter wurde die Martersäule verdrängt von der noch „theatralischeren" Andachtsübung des Kreuzweges, bei dem der Gläubige gleichsam selber in Bewegung die Stationen des Leidensweges nacherlebt.

Vor der Martersäule hingegen verharrt man betend oder kniend. Widriges Wetter wird einem sicher bewusster sein, als wenn man selbst in Bewegung ist. In den Quellen jedenfalls heißt es, dass die „immer schmerzlich erlittenen Wasser-Güsse und Wolckhenbrüchern", die die Betenden vor der Martersäule über sich ergehen lassen mussten, schließlich dazu führten, dass man sich 1710 daran machte, eine Kapelle zu erbauen. In ihr wurde nun bereits eine Muttergottesdarstellung als Gnadenbild angebetet, die ein Maler aus Stadtamhof gefertigt haben soll. Es handelt sich um eine Kopie des berühmten Madonnenbildnisses von Lukas Cranach und ist heute, gefasst in einen vergoldeten Schnitzrahmen, in den Hochaltar integriert.

1734 wurde ein größerer Neubau der Kirche notwendig. Gut hundert Jahre später traf das exponiert stehende Gotteshaus ein Blitzschlag und es brannte völlig nieder. Nicht zuletzt dank des Regensburger Bischofs Valentin Riedel konnte aber bereits ein Jahr später mit einem Neuaufbau begonnen werden. Noch in den Notjahren unmittelbar nach dem Zweiten Weltkrieg führte man eine umfangreiche Innenrenovierung durch. Dabei kam es auch zu einer neuen Deckenausmalung durch den Münchner Kunstprofessor Hermann Kaspar, einen Maler, der während der Nazijahre zur Kulturprominenz der „Hauptstadt der Bewegung" gehört hatte. In Beratzhausen malte er 1948 bereits wieder mariologische Motive, allerdings unter Einbeziehung von Verwundeten, Kriegsheimkehrern und Heimatvertriebenen.

Mariensäule vor der Kirche und Kanzeldetail mit den Kirchenlehrern, in der Mitte Papst Gregor I.
Der Hochaltar stammt aus der Mitte des 18. Jahrhunderts. Neben dem Gnadenbild stehen die Heiligen Joachim und Anna.
Deckenfresko von 1948 und Christus an der Martersäule von einem Seitenaltar.

LAUT LEGENDE TRUGEN REHE DAS BAUMATERIAL

Mariä Heimsuchung in Rechberg

In Rechberg, heute ein Ortsteil von Beratzhausen, liegt auf einer Bergkuppe, umgeben von einer Friedhofsmauer, die Filial- und Wallfahrtskirche Mariä Heimsuchung. Man geht von einer weit bis ins Mittelalter zurückreichenden Geschichte des Pilgerortes aus. In einer Urkunde von 1441 heißt es, die Kirche sei schon ein alter Bau. Dass aber bereits 801 jemand aus der Herrschaft der nahe gelegenen Burg Ehrenfels eine erste Kapelle in Rechberg gebaut haben soll, gehört sicher in das Reich Sagen umwobener Ursprungslegenden. Denn die Burg Ehrenfels, von der heute nicht recht viel mehr als die Reste zweier Rundtürme und eines Schalenturms zu sehen sind, dürfte ihrerseits erst um 1200 herum entstanden sein.

Nichtsdestotrotz heißt es in der Ursprungsgeschichte, dass ein Burgherr von Ehrenfels auf dem Rechberg zur Jagd unterwegs gewesen sei, als seine Jagdhunde einen Rehbock gestellt hätten. Dieser allerdings sei ungerührt, auf seinen Hinterläufen sitzend, vor einem Baum verharrt. In der Krone des Baumes befand sich ein Gnadenbild der Muttergottes. Daraufhin legte der Ehrenfelser ein Gelübde ab, am Fuße des Rechbergs eine Kirche errichten zu wollen. Und er begann auch mit dem Bau. Allerdings kam dieser kaum voran, weil wundersamerweise Rehböcke in der Nacht jedes Mal das Baumaterial auf ihre Geweihe nahmen und den Berg hinauftrugen.

Diese Erzählung nimmt sich aus wie eine Variante der Hubertus-Legende, bei der ja bekanntlich ein stattlicher Hirsch dem Bischof von Lüttich bei der Jagd erschien, hier mit einem Kruzifix zwischen den beiden Geweihstangen. Das heimische Schalenwild spielt in der christlichen Ikonographie immer wieder eine Rolle. Bischof Maximus von Turin zum Beispiel wird in der Legende von einer Ricke gesäugt. Jedenfalls verbindet sich mit der Rechberger Wallfahrt hier ein besonderes Motiv, das selbstverständlich auch in das Deckenfresko des Langhauses Eingang fand. Ein uns namentlich nicht bekannter Meister brachte einen Säulen getragenen Rundbau zur Darstellung, um den herum Menschen der verschiedensten Stände das Mirakel bewundern. Er selber ist natürlich auch gemalt: Wir sehen einen weitgehend unbewaldeten Rechberg, auf den hinauf über einen serpentinenartig geschlungenen Weg mehrere Rehböcke das Baumaterial tragen. Oben auf der Kuppe steht allerdings die Kirche schon fertig.

Und zwar in der barockisierten Gestalt, wie sie der Besucher heute antrifft. Lediglich der Chor zeugt noch von einem gotischen Vorgängerbau. Das Langhaus zu vier Jochen entstand bei Umbauten in der zweiten Hälfte des 18. Jahrhunderts. In den Hochaltar integriert ist das angebetete Gnadenbild, eine bemalte Holzstatue, Maria mit Kind darstellend. Es existiert eine Beschreibung des Gnadenbildes aus dem Jahre 1510, ein Beleg dafür, dass seine Entstehung für die Zeit der ausgehenden Gotik anzunehmen ist. Zahlreiche Votivtafeln und Votivkerzen zeugen von der ungebrochenen Tradition, auf den Rechberg zu wallfahren.

Detail der Mariensäule mit der Darstellung Jesu und der Apostel auf dem See Genezareth vom rumänischen Bildhauer Aurel Vlad. Die Säule ist über fünf Meter hoch und aus drei Steinquadern zusammengesetzt.
Am Fest Mariä Himmelfahrt im Jahre 2002 wurde die kirchliche Weihe vollzogen.

Anrührend ist die Szene auf dem Deckenfresko, wo Engel den Rehböcken die Bausteine zwischen das Geweih legen. Im gotischen Chor, der noch von der Vorgängerkirche übrig ist, steht der Hochaltar aus dem 18. Jahrhundert mit den Figuren hl. Josef mit dem Kind, hl. Elisabeth, hl. Zacharias und Johannes der Täufer.

HERVORGEGANGEN AUS EINER EINSIEDELEI

Mariä Himmelfahrt in Frauenzell

Das ehemalige Benediktinerkloster Frauenzell, gelegen in den Vorbergen des Bayerischen Waldes östlich von Regensburg, geht auf eine Einsiedelei zurück. Zwei Laienbrüder aus der Abtei Oberaltaich ließen sich hier nieder. Reimar IV. von der nahe gelegenen Burg in Brennberg ermöglichte ihnen erst die Errichtung einer Klosterzelle, dann einer Kirche. An den „gestrengen Ritter" als großzügigen Stifter erinnert noch heute ein Epitaph aus rotem Marmor neben dem Eingangsportal zur Kirche an der Westfassade. Sie steht zum Klosterinnenhof hin gekehrt, genauso wie der mit einem – gemauerten! – Pyramidendach gekrönte Turm der Kirche. Er ist als einziges stehen geblieben vom gotischen Vorgängerbau, angenommene Entstehungszeit: Mitte des 14. Jahrhunderts. Seine trutzige Gestalt, gefügt aus unverputzten Granitquadern, kündet von seinem stolzen Alter. Kleine Anekdote am Rande: 1609 wurde der Turm neu verfugt. Der Mörtel dazu wurde laut Quellen mit Wein angerührt.

Alles an dieser Kirche strahlt Üppigkeit, Glanz und Prunk aus. Man habe aber auch nur die „berühmtisten und vortrefflichsten Künstler [...] und andere verständige Paumaystr" konsultiert, als es an die Planung des Rokoko-Neubaus ging, wie es schon in der Klosterchronik des Paters Kugler heißt. Und dennoch wissen wir nicht genau, wer für den Bau letzten Endes verantwortlich zeichnete. Mitglieder der Familie Asam sind wohl auch angesprochen worden. Ob die Baupläne wirklich von ihnen stammen – und ob sie eine Variation der Klosterkirche von Weltenburg sind – ist ungeklärt. Die Bauaufsicht jedenfalls hatten Benedikt Schöttl aus Metten und sein Sohn Albert inne. Mit einer zehnjährigen Unterbrechung – Grund war der überraschende Tod des Klosterabtes – erfolgte die Weihe der Kirche erst 1795.

Was auffällt, ist die Dreiteilung des Innenraumes. Nachdem man die Kirche durch das Westportal betreten hat, steht man erst einmal in einem Vorraum. Er hat die Form eines Querovals und liegt unter der Orgelempore. Der anschließende Hauptraum, obwohl ein Längsoval, wirkt gerundet. Unverkennbar, dass hier der Gedanke eines Zentralbaus mit hineinspielt. Im Handbuch für deutsche Kunstdenkmäler, dem „Dehio", ist die Rede von einer „ausschwingenden Raumschale", die man durchaus dem „Malerarchitekten" Cosmas Damian Asam zutrauen könnte. Nach einem Chorbogen schließt sich dann im Osten noch das Presbyterium an, diesmal tatsächlich mit kreisrundem Grundriss, so als würde eigens noch einmal ein Zentralraum geschaffen für den Hochaltar. Selbiger stammt aus dem Jahr 1790 und wurde von dem Frauenzeller Klosterbruder Albert Kaupp geschaffen. Anstelle eines Altarbildes steht das Gnadenbild, die Muttergottes mit Kind im Strahlenkranz – die Schnitzfigur stammt aus dem 17. Jahrhundert. Die Fresken im Chor stammen von Otto Gebhard, der auch die Deckenbemalung im Hauptraum besorgte. Während der Regensburger Maler über dem Altar die fürbittende Macht Mariens dargestellt hat, nimmt das Fresko im Langhaus über das gesamte Gewölbe das Thema der Himmelfahrt der Muttergottes auf. Der ganze Erdkreis ist in Verzückung ob dieses Ereignisses. Gebhard zeigt die Menschen der damals bekannten vier Kontinente: neben den Europäern die Inder in Asien, die Indianer in Amerika und die Farbigen aus Afrika. Eine einzige Apotheose Mariens, würdig eines solchen Klosters ... das allerdings bald schon nach Vollendung dieses Rokokojuwels die Seiten seiner Chronik zuschlagen musste. Denn mit der Säkularisation 1803 kam das Ende des Klosters Frauenzell. Die Kirche wird seither nur mehr als Pfarrkirche genutzt.

Eine Madonna mit Jesuskind aus der Barockzeit, deren Köpfe aus Wachs geformt sind, behüten die vielen Votivgaben in der Seitenkapelle.

Im Kirchenführer schreibt Franz Fischer: „Äußerlich einfach und schlicht, überrascht das Innere durch seine harmonische Raumgestaltung, herrliche Beleuchtung und Fresken sowie die farbenfrohe aber wohl abgestimmte Dekoration des ganzen Raumes. So wird die Rokokokirche von Frauenzell mitunter auch die Wieskirche des Bayerischen Waldes genannt."

KULTURELLES ERBE – GEISTLICHE BOTSCHAFT

Maria Schnee in Aufhausen

In der Oberpfalz gibt es lediglich drei Kirchen mit Maria-Schnee-Patrozinien: in Atzlricht bei Amberg, in Schönferchen zwischen Cham und Zandt und in Aufhausen, südöstlich von Regensburg. Patroziniumstag ist der 5. August, und das hängt mit dem sogenannten Schneewunder zusammen: In der Nacht auf den 5. August 358 soll einem römischen Patrizier-Ehepaar die Muttergottes erschienen sein. Sie sagte die Geburt eines lang erwarteten Sohnes voraus für den Fall, dass das Paar ihr zu Ehren eine Kirche errichte, und zwar an jener Stelle, die am folgenden Morgen weiß gefärbt vom Schnee sein würde. Tatsächlich war dies auf dem Esquilin, einem der sieben Hügel Roms, der Fall. Dort entstand schließlich die Basilika Santa Maria Maggiore … und in deren Folge in ganz Europa Maria-Schnee-Pilgerstätten.

Im Falle von Aufhausen war es der aus München stammende Pfarrvikar Johann Georg Seidenbusch, der 1668 eine Marienstatue zur Anbetung aufstellte, ein Geschenk des Jesuitenkollegs aus seiner Heimatstadt. Bald kam es zu mehreren Gebetserhörungen, die sich rasch herumsprachen. Um den anschwellenden Pilgerstrom in einer Kapelle und Klause seelsorgerisch zu betreuen, bemühte sich Seidenbusch um die allererste Niederlassung der sogenannten Oratorianer auf deutschsprachigem Gebiet. Es handelt sich dabei um eine Kongregation von Weltpriestern, die auf den hl. Philipp Neri zurückgeht. Die Nerianer, wie sie auch noch genannt werden, betreuten die Aufhausener Wallfahrt bis in die zweite Hälfte des 19. Jahrhunderts hinein. Sie waren mit ihrem Stift also auch anwesend, als man 1734 den Plan zu einem beträchtlich erweiterten Neubau der Wallfahrtskirche fasste. Es sollte niemand Geringerer als der aus Burglengenfeld stammende Baumeister Johann Michael Fischer sein, von dem man sich den Plan zu einer besonderen architektonischen Lösung versprach, nämlich eine Verbindung aus Langhaus und Zentralbau. Das Ergebnis fasst der Kirchenführer zu Recht mit den Worten von „einem der bedeutendsten süddeutschen Sakralbauten des Spätbarock“ zusammen.

Dem Hauptraum schrieb Fischer ein unregelmäßiges Oktogon als Grundriss ein. Daran schließt sich – ungewöhnlich: in Nordausrichtung – ein nahezu quadratisches Presbyterium an. Mittig vorgestellt an die Nordseite des Chores steht der ebenfalls quadratische Kirchturm mit Zwiebelhaube und Laterne. Gegenüberliegend auf der Südseite eine Vorhalle, darüber die Orgelempore. In die abgeschrägten Ecken des Hauptraumes, die die Oktogonform bedingen, sind vier kleinere Kapellen eingebaut, jede von ihnen zeigt auf dem jeweiligen Deckenfresko einen der vier Kirchenväter mit dazugehörigem Attribut: Papst Gregor mit der Taube, Augustinus mit dem Knaben, Hieronymus mit einem Löwen und Ambrosius mit dem Bienenkorb. Wer sich das alles gerne als Grundrissplan vor Augen halten möchte, der braucht nur hinaufzuschauen zum Deckengemälde des Hauptraumes. Dort wird die Maria-Schnee-Legende erzählt. Unter anderem ist auch das römische Patrizier-Ehepaar zu sehen, das in seinem Kinderwunsch von der Muttergottes erhört wurde.

Von 1890 bis 1978 wirkten Benediktiner aus Metten in Aufhausen, anschließend Diözesanpriester. Seit 2006 betreuten „Brüder vom Heiligen Blut“ Pfarrei und Wallfahrt. 2012 erfolgte die Umwandlung durch Papst Benedikt XVI. in die „Kongregation des Oratoriums des hl. Philipp Neri in Aufhausen“. Damit lebte auch das ursprüngliche Nerianer-Oratorium wieder auf.

Ein Baldachin, der von Engeln getragen wird, umfasst das Gnadenbild am Hochaltar.

Deckenfresko über dem Presbyterium mit der Darstellung des hl. Philipp Neri vor Maria, der Himmelskönigin.
Ausschnitt aus dem Seitenaltar mit der Pfingstvision des hl. Philipp Neri.
Wandgemälde hinter dem Auszug des Hochaltars. Da der ursprüngliche Altar für den neuen Kirchenraum als zu klein erschien, gleicht die Architekturmalerei mit Gottvater und dem die Erdkugel tragenden Engel im Zentrum dies wieder aus.

AM ANFANG STAND EIN HOSTIENFREVEL

St. Salvator in Donaustauf

Für die St.-Salvator-Kirche in Donaustauf – und damit nimmt sie eine singuläre Stellung unter all den anderen Wallfahrtskirchen ein – gibt es kein eigentliches Patroziniumsfest. Denn hier ist einmal kein Heiliger Schutzpatron, auch nicht die Muttergottes wie bei all den Marienkirchen. Und auch Trinitas, das Dreifaltigkeitsfest am ersten Sonntag nach Pfingsten, kann hier nicht in Betracht kommen, denn die Verehrung gilt allein Jesus Christus, Heiler und Retter der Welt, lateinisch „salvator mundi". Kein Patroziniumsfest also im Sinne eines Heiligengedenkens, aber dennoch eine feierliche eucharistische Andacht, und zwar an Fronleichnam, dem Hochfest des Leibes und Blutes Christi.

Der Leib des Herrn steht auch am Anfang der Wallfahrt nach Donaustauf. Die Legende erzählt von einem Hostienfrevel, der sich im Jahre 1388 ereignet haben soll. Damals herrschte Krieg zwischen dem Schwäbischen Städtebund und den bayerischen Herzögen, der sogenannte „Städtekrieg". Donaustauf befand sich im Belagerungszustand durch Bayernherzog Friedrich und Pfalzgraf Ruprecht. Drei Soldaten aus deren Tross sollen dabei in die Kirche von Sulzbach (ein Ortsteil von Donaustauf) eingedrungen sein und ein liturgisches Gefäß samt Hostien gestohlen haben. Einer der Frevler erkrankte daraufhin schwer, was er als göttliche Strafe verstand. Er wollte das Diebesgut so schnell wie möglich wieder loswerden und versteckte es unter einem Busch. Als sein Zustand sich nicht besserte, vertraute er sich dem Lagergeistlichen an. So konnten die Hostien geborgen und nach Wörth in die Kirche gebracht werden.

Wer heute die Donaustaufer St.-Salvator-Kirche betritt, dem fällt ein Felsbrocken auf, der vor dem Altarraum liegt und von einem Gitter umgeben ist. An jener Stelle sollen die Hostien gefunden worden sein. Der Weinbergsbesitzer Sitauer habe als Erster über dieser Stelle eine Holzkapelle errichten lassen. Später wurde diese durch eine gemauerte Kirche ersetzt. Das kann noch vor 1400 geschehen sein. Bei Renovierungsarbeiten wurden nämlich sensationellerweise spätgotische Wandmalereien entdeckt, die aus der Zeit um 1400 stammen. Man nimmt an, dass ein italienischer Freskant aus dem Umfeld von Padua oder Verona den Auftrag erhielt, Stationen aus dem Leben Jesu zur Darstellung zu bringen. Im Dehio heißt es: „Das Gefühl für präzise dargestellte Räumlichkeit geht über alle Möglichkeiten der zeitgenössischen deutschen Malerei hinaus." Ähnliches lasse sich nördlich der Alpen für diese Zeitstufe nur mehr an zwei, drei anderen Orten finden.

1607 wurde die Kirche noch einmal beträchtlich erweitert, in den Jahren 1743 bis 1745 erfolgte eine grundlegende Barockisierung. Wer heute den Stufenweg – gesäumt von modernen Mosaikbildstöcken – hinauf zur Kirche steigt, gewinnt jedoch einen anderen Eindruck als den einer Barockkirche. Die Vorhalle am Westturm mit ihren Zinnen will dazu überhaupt nicht passen. Dabei handelt es sich kurioserweise gerade um Baumaßnahmen, die der große Leo von Klenze 1842 unternahm, um den Kirchenbau besser anzupassen. Anzupassen nämlich an die Walhalla, jene nur wenige Kilometer entfernte Ruhmeshalle des Bayernkönigs Ludwig I., die seit 1842 das Donautal an dieser Stelle dominant bestimmt. Um die Salvatorkirche dazu „passend" zu machen, fügte Klenze ihr einige klassizistische Stilelemente hinzu … was nicht überrascht bei der Nachbarschaft eines griechischen Ehrentempels.

Hochaltar von St. Salvator mit dem Brot brechenden Christus, davor der Fels, wo die geraubten Hostien gefunden worden sein sollen.
Mittelalterliches Fresko um 1400 mit der Geißelung Christi, die im Palast des Pilatus vor dessen Augen vollzogen wird.
Acht Holztafelgemälde zeigen anschaulich und drastisch das Geschehen von 1388. Auf diesem Bild rauben Kriegsknechte das Ziborium.

Anno. 1383.
Vier Bayrische Herzogen in Krieg verwickhet waren, Sie Lagern sich
vor Stauff mit ihren Krieges Scharen. drey Lasterhaffte böswicht seynd aus dem Lager komen.
Nach Sülzbach in die kirch, und haben forth genohmen das Heillige Ciborium
von bösen geist betaubet, die hochheilige hostien Sambt Kelch und Beütl graubet.

AUF EINER WACHOLDERSTAUDE STROMAUFWÄRTS

Mariä Himmelfahrt in Mariaort

An der Mündungsstelle der Naab in die Donau steht auf einer schmalen Landzunge die Wallfahrtskirche Mariaort. An der Außenmauer des ehemaligen Chores aus der Mitte des 15. Jahrhunderts – mittlerweile wird er als Sakristei genutzt – fällt ein getreppter Kragstein auf, der einen Steinkasten trägt. Aus diesem heraus wächst ein Wacholderbusch. Dem Volksglauben nach spielt dieses Gewächs bei der Gründung der Wallfahrt eine entscheidende Rolle. Die entsprechende Legende reicht zurück bis in die Zeiten des byzantinischen Bilderstreits, als es in erbitterten Auseinandersetzungen um den richtigen Gebrauch orthodoxer Ikonen ging. Wieder einmal war es zu einem Bildersturm gekommen, und – so die Erzählung der Legende – weit drunten am Schwarzen Meer war eine Madonnenfigur ins Wasser geworfen worden. Aufrecht stehend auf einem losgerissenen Wacholderstrauch, trat sie eine Reise donauaufwärts an, die sie bis an die Mündung der Naab brachte. Erst hier habe sie sich im Ufergestrüpp verfangen. Von den Anwohnern entdeckt, wurde sie sogleich als Wunder wirkendes Gnadenbild angesehen, dem man selbstverständlich ein geweihtes Gotteshaus erbauen musste. Der Ort, den man dafür vorgesehen hatte, schien den höheren Mächten jedoch nicht der richtige. Des Nachts trugen Engel immer wieder das Baumaterial an das andere Naabufer. – Es verbinden sich hier zwei bekannte Legendentypen: jener des unsinkbaren, über weite Strecken hin reisenden Gnadenbildes auf dem Wasser und der des besonderen auserwählten Bauplatzes. Beide Legendentypen tauchen auch noch andernorts auf.

Es kam dann tatsächlich zu einem Kapellenbau. Dieser ist 1352 erstmals urkundlich erwähnt … was nicht heißt, dass das Kirchlein nicht noch bedeutend älter sein kann. In den Jahren 1774 bis 1776 kam es – aus Gründen der immer weiter wachsenden Pilgerströme – zum Bau eines neuen barocken Langhauses samt oktogonalem Turmaufsatz, lediglich der spätgotische Chor blieb, wie bereits erwähnt, erhalten. Im neu entstandenen Presbyterium, das sich nach Westen hin an das alte anschließt, zeigt das Deckengemälde die Legende von der Auffindung des Gnadenbildes zur Darstellung. Im Langhaus selber dagegen ist es die Himmelfahrt Mariens, die den Freskanten Matthias Schiffer, einen Österreicher, beschäftigte, entsprechend dem Patrozinium der Kirche.

Eine eingehendere Betrachtung des Hochaltars sollte man nicht versäumen. Hier ist auch das Gnadenbild über dem Tabernakel zu finden. Es handelt sich um eine bemalte Steinfigur aus der ersten Hälfte des 14. Jahrhunderts. Maria ist mit einem Schleiertuch über dem Haupt dargestellt, darauf sitzend eine prachtvolle Krone, ebenso wie beim Jesuskind, das sie auf dem rechten Arm trägt (die Kronen sind Zutaten aus der Barockzeit). Zu vielerlei Spekulationen regt sicher das kuriose Detail an, dass der kleinkindliche Heiland ganz offensichtlich einen grünen Frosch in beiden Händen hält. Nicht einmal der Kirchenführer hält einen Deutungsversuch parat. Vielfach belegt allerdings ist, dass in der christlichen Ikonographie Frösche und Kröten das Böse, Irrgläubige und Verderbte repräsentieren. Jesus scheint es, in diesem Fall, schon von allem Anfang an im Griff zu haben.

Der Hochaltar von 1770 ist schon dem frühen Klassizismus zuzuordnen. Zwischen vier marmorierten Säulen stehen die Apostelfürsten Petrus und Paulus. Über dem Tabernakel die steinerne Gnadenmadonna und als Krönung Gottvater und der Heilige Geist als Taube.

Bei einem Fliegerangriff auf die nahe Eisenbahnbrücke im April 1945 wurden das Dach und die Fenster der Kirche zerstört. Der Kirchenmaler Vogel aus Regensburg restaurierte 1952 auch das große Deckengemälde von Matthias Schiffer mit der Darstellung der Himmelfahrt Mariens in barocker Raumillusion.

Juralandschaft: maigrün gesprenkelter Wald, Löwenzahnwiesen, hell leuchtende Kalkfelsen und als Zugabe, ein Landschaftsarchitekt hätte sie nicht schöner in Szene setzen können, die Wallfahrtskirche St. Wolfgang.

Landkreis NEUMARKT

KIRCHWEIHMARKT BEI DER „UNVERSEHRTEN MUTTER“

Mariä Namen in Trautmannshofen

Trutzig steht sie da, die Wallfahrts- und gleichzeitig Pfarrkirche Mariä Namen in Trautmannshofen. Der Eindruck mag von der hohen Wehrmauer herrühren, aber auch von der gedrungenen Gestalt des auf quadratischem Grundriss errichteten Kirchturms. Er ragt nur wenig über den Dachfirst des Langhauses hinaus, das seinerseits einen etwas „gestauchten“ Eindruck macht und mit einer ungewöhnlichen zweigeschossigen Fenstergliederung aufwartet: Beinahe etwas Burgpalasartiges strahlt dieser Baukörper aus. Errichtet hat ihn die berühmte Dientzenhofer-Familie. Geplant von Leonhard, führten die Brüder Georg und Wolfgang von 1686 bis 1689 den Bau aus. Es gab einen Vorgängerbau, dessen Entstehung man für das Ende des 14. Jahrhunderts annimmt, und von dem noch der Turm stammt. In ihm wird bereits ein Muttergottes-Gnadenbild verehrt worden sein. Nur so nämlich ergibt die Gründungslegende der Trautmannshofener Wallfahrt einen Sinn. Es ist darin die Rede von einem Überfall der Hussiten im Jahre 1432. Die aus dem Böhmischen herübermarodierenden Ketzer sollen, heißt es, das Gnadenbild aus der Kirche herausgezerrt und in ein Feuer geworfen haben. Doch das Bild kehrte auf wundersame Weise an seinen Platz zurück. Dreimal hat sich dieser Vorgang wiederholt. Doch all das konnte dem Gnadenbild nicht das Geringste anhaben. „Unversehrte Mutter“ ist seither sein volkstümlicher Name.

Diese fromme Legende konstituierte jedenfalls eine der ältesten und bedeutendsten Marienwallfahrten der Oberpfalz. Selbst die Zeiten, als weite Teile des Nordgaus unter reformatorischen, ja calvinistischen Einfluss gerieten und den Glaubenswechsel vollziehen mussten, konnten die Tradition nicht vollständig auslöschen. Sie ruhte nur eine Weile. Und als nach der Schlacht am Weißen Berg der obsiegende Wittelsbacher-Herzog Maximilian von Bayern-München die Oberpfalz wieder unter den „rechten Glauben“ brachte, schwappte eine mächtige Rekatholisierungswelle übers Land. Die Wallfahrt zur Muttergottes von Trautmannshofen erlebte einen solchen Aufschwung, dass bald eine größere Kirche notwendig wurde. Leicht erhöht über alle anderen Gebäude dominiert sie auch heute noch das überschaubare Ortsbild.

Und jeden Herbst, Mitte September, ist die mittlerweile in frischem Weiß erstrahlende Kirche der Mittelpunkt eines quirligen Treibens. Dann nämlich, wenn Trautmannshofener Kirchweih ist. Sie ist eine der größten Marienkirchweihen der Oberpfalz mit jahrhundertealter Tradition. Früher kam man vor allem des Viehmarktes wegen nach Trautmannshofen. Mittlerweile handelt es sich um eine bunte „Standlkirchweih“, die jedes Jahr an die zehntausend Besucher anlockt. Kulinarisches wird ebenso angeboten wie die zu einem Wallfahrtsort gehörenden Devotionalien. Aber auch jede Menge Stände mit Lockungen für den Nachwuchs gibt es, ja sogar solche mit Computerspielen entdecken wir, ein Indiz dafür, dass die modernen Zeiten auch am Volk der Wallfahrer nicht spurlos vorübergehen. Wie denn auch!

Das schlichte Äußere der Kirche lässt nicht vermuten, dass Altäre, Kanzel, Stuck und Fresken in einer derartigen Fülle aus der Zeit des Spätbarocks und des frühen Rokokos erstrahlen.
Das Fest Mariä Namen wurde von Papst Innozenz XI. eingeführt, als Dank für den Sieg über die Türken vor Wien.
2010 konnte das 300-jährige Weihejubiläum begangen werden. Zwei Jahre später feierte Diözesanbischof Gregor Maria Hanke mit Hunderten von Gläubigen das Patrozinium.

„HOCH AUF DEINEM GNADENTHRONE …“

Maria Heil der Kranken auf dem Habsberg

Wer auf den 621 Meter hohen Habsberg baut, der tut dies, um ein weithin sichtbares Zeichen zu setzen. Manchmal ein Zeichen der Macht, manchmal der Frömmigkeit. Auf „Fernwirkung“ kommt es beide Male an. Das wird schon den Erbauern der Höhenburg bewusst gewesen sein, die hier einmal stand. Die Grafen auf dem Habsberg tauchen 1098 erstmals urkundlich auf. In der Folgezeit wechselte ihr Besitz mehrfach den Eigentümer. Zuletzt ging die Burg, samt dem Pflegamt Helfenberg, in den Besitz des legendären Feldherrn Tilly über. Dort in Helfenberg gab es einen Amtspfleger mit Namen Johann Panzer, der litt so sehr an der Gicht, dass er die Muttergottes um Hilfe anrief. Eine nächtliche Stimme gab ihm schließlich den Rat, auf dem Habsberg eine Kapelle zu errichten, was er 1680 auch tat. Er gilt somit als Wiederbegründer der Wallfahrt auf den Habsberg. Ihre Ursprünge sollen bis zur Christianisierung im 7. und 8. Jahrhundert zurückreichen. Während der Reformation und des Dreißigjährigen Krieges war der Gnadenort dann weitgehend zerstört worden.

Heute ist es der Turm der großen Mariä-Heimsuchung-Kirche, der „Fernwirkung“ entfaltet. Nicht umsonst heißt es in einem Wallfahrerlied: „Hoch auf deinem Gnadenthrone, Frau von Habsberg, sei gegrüßt“. Der Rokokobau überragt die kleinere Mariä-Himmelfahrts-Kapelle, im Urspung jene Stiftung des Johann Panzers, von der eben die Rede war. Es darf daher in der Kapelle selbstverständlich das Stifterbild nicht fehlen. Es hängt links vorne im Chor, welcher übrigens den oktogonalen Grundriss der Ursprungskapelle noch immer erkennen lässt. Das Langhaus mit der Empore, den beiden Beichtstühlen und den Kirchenbänken – man beachte die schön geschnitzten Wangen – wurde erst später angebaut. Doch noch einmal kurz zurück zum Stifterbild: Es ist ein schönes Beispiel volkstümlicher Votivgaben mit dem knienden Johann Panzer, seiner rechts neben ihm stehenden Frau und noch weiteren Personen. Im Vorraum der Kapelle sind noch mehr Votivbilder zu sehen. Eines, das von der Gesundung nach einem schweren Motorradunfall in naiver Malweise erzählt, spannt einen interessanten Bogen vom Panzer-Bild des ausgehenden 17. Jahrhunderts bis ins Heute.

Wer noch mehr davon sehen will, kann dies im Votivtafelmuseum tun, das im Turm der großen, ab 1763 erbauten Wallfahrtskirche untergebracht ist. Durch sein unteres Geschoss betritt man eine kleine Eingangshalle und wird hier von besonders originellen Pilgergestalten empfangen. Lebensgroße Figuren als Schnitzreliefs zeigen, welcher Leidensdruck oft hinter dem Bedürfnis nach dem Wallfahren steht: Zwei Beinamputierte sehen wir, und einen weiteren Fußkranken, der, auf hölzerne Krücken gestützt, seinen Kopf weit in den Nacken legt, hoffend auf Hilfe von oben. Tritt man in das Langhaus, wird man auch den Kopf in den Nacken legen, wenn auch vielleicht aus anderen Gründen, nämlich um all den Glanz, das Gold, die Farben der Deckengemälde erfassen zu können. Eine der prächtigsten Spätrokokokirchen der westlichen Oberpfalz hat man hier vor sich. Ein Bauplaner aus München (Leonhard Gießl), ein Maurermeister aus Ingolstadt (Johann Fischer), ein Stuckator aus Wessobrunn (Joseph Dietmayer), der Freskant Johann Michael Wild aus Amberg und noch weitere, meist einheimische Künstler haben für diesen überwältigenden Raumeindruck zusammengearbeitet.

37 Meter ist der Turm hoch, gekrönt von einer doppelten Zwiebelhaube mit Laterne und Kreuz. Vorbild dafür war der schon früher geschaffene Turm von Mariahilf in Amberg.

Halbrelief des knienden Stifters Johann Panzer und (Mitte) Madonna in der Gnadenkapelle, die von den Heiligenfiguren Joachim und Josef flankiert wird.
„Salus infirmorum", „Heil der Kranken", verkündet ein Spruchband auf dem barocken Deckenfresko von Johann Michael Wild, das in bewegter Szenerie wallfahrende Pilger zeigt.
Auf halber Höhe des Berges (beim Parkplatz) liegt der 1961 angelegte Waldfriedhof. Ausschließlich schmiedeeiserne Kreuze sind erlaubt, deren kunstfertige Details von Oberpfälzer Dorfschmieden geschaffen wurden.

EINST OBERPFÄLZISCHES ALTÖTTING

St. Wolfgang bei Velburg

Dem Diözesanpatron des Bistums Regensburg, dem hl. Wolfgang, ist bemerkenswerterweise in der Oberpfalz – ganz anders als im südbayerischen Raum – nur ein einziges Wallfahrtspatrozinium gewidmet. Und zwar in Velburg. Verlässt man die Stadt in nordöstlicher Richtung, fällt einem bald ein von einem wuchtigen gotischen Turm dominierter Kirchenbau ins Auge. Er steht am Fuße einer Felswand aus Juragestein mit dem weithin sichtbaren Portal des Velburger Hohlloches. Also wieder ein höchst bedeutsamer, in diesem Fall sogar prähistorischer Siedelplatz, den man sich für den Bau der St.-Wolfgang-Wallfahrtskirche ausgesucht hat. An der Westseite des Langhauses gibt es einen eingemauerten Schriftstein, der uns das Erbauungsjahr 1467 nennt, sowie den Baumeister. Der wird allerdings, ganz nach Sitte der damaligen Zeit, lediglich als „Peter, Mauerer von der Weiden" genannt. Und so wissen wir letztlich nicht, wer dieser Weidener Peter genau war.

Jedenfalls hat er – unter Einbeziehung eines Vorgängerbaus, wie ältere Bauteile der Sakristei beweisen – eine der imposantesten gotischen Kirchen der gesamten Oberpfalz hierher gestellt, einst überaus beliebt bei den Wallfahrern; man nannte sie gar das „oberpfälzische Altötting". Im Langhaus wurde 1757 eine Flachdecke eingezogen mit aufgemalten Ornamenten und zwei Deckenbildern. Eines davon zeigt Bischof Wolfgang bei einigen seiner Wundertaten, das andere zeigt die sofortige Aufnahme in den Himmel. Interessant auch die landschaftlichen Darstellungen, die mit ins Bildprogramm aufgenommen wurden, so die alte, heute nur mehr als Ruine erhaltene Velburg, das ehemalige Schloss Helfenberg, ja sogar die Nürnberger Burg ist zu erkennen. Doch warum diese Anspielung auf die Patrizierstadt? Weil, so weisen Velburger Quellen es aus, alljährlich von dort Pilger nach St. Wolfgang kamen, übrigens auch der großen Märkte wegen, wie extra vermerkt ist.

Von weither also kamen die Pilger. Und bewunderten nicht zuletzt den gotischen Hochaltar, der in der Tat besondere Beachtung verdient. Auf den beiden Flügeln des Altars sind nämlich vier Einzelbilder eines unbekannten Meisters zu sehen. Die widmen sich einem Sujet, das so in der sakralen Kunstgeschichte kaum ein zweites Beispiel kennt. Es ist die Arbeit in mittelalterlichen klösterlichen Schreibstuben, die hier mit liebevoller Detailtreue dargestellt wird. Die Evangelistensymbole – Löwe, Stier, Adler, Engel – machen schnell deutlich: Es sind nicht irgendwelche Mönche, die sich hier übers Schreibpult beugen, sondern die vier Evangelisten Markus, Lukas, Johannes und Matthäus. Aus dem Heiligen Land und aus der Zeit unmittelbar nach Jesu Tod am Kreuz hat der Maler sie also ins Mittelalter zeitreisen lassen, um sie als Kopisten des Gotteswortes zu zeigen. Denn solches geschah ja unter anderem in den Klosterschreibstuben: die Vervielfältigung von Bibelhandschriften. Und was da alles zum Einsatz kommt bei der Schreibarbeit: Federkiele samt Messerchen zum Anspitzen, schwarze Tinte, Pergament. Ja sogar Brillen gab es schon, in Form von Hornzwickern. Zuletzt entdeckt man gar ein Vögelchen, das vorwitzig zu Besuch gekommen ist in die Stube des Schreibermönches Lukas.

Der alte Beschlag an der Sakristeitüre zeigt den hl. Wolfgang mit Kirche, Bischofsstab und Beil. Die Tafelbilder zeigen links die hl. Magdalena mit dem Ölgefäß und rechts Anna selbdritt.

Die drei spätgotischen Altäre sind das Kostbarste in St. Wolfgang. Der Hochaltar birgt in seinem Schrein die Figuren des hl. Willibald, des hl. Wolfgang und des hl. Sebastian. Die Predella zeigt Christus mit den zwölf Aposteln.
Detail vom rechten Seitenaltar mit dem hl. Christophorus. Anrührend die Darstellung, wie der Jesusknabe seine Hand auf das Haupt des Heiligen legt.

Gemälde auf der Orgelempore mit dem Pelikan als Sinnbild für den sich opfernden Christus. Rechts auf dem Bild Schloss Helfenberg, das von 1699 bis 1707 errichtet wurde, und von dem nur noch kümmerliche Ruinenreste vorhanden sind.

AM ANFANG STAND EINE KREUZIGUNGSGRUPPE

Herz Jesu bei Velburg

Die Wallfahrtskirche auf dem Kalvarienberg westlich von Velburg ist die einzige in Bayern mit einem Herz-Jesu-Patrozinium. Diese besondere Form der Christus-Verehrung ist noch gar nicht so alt. Die hl. Margareta Maria Alacoque gab der Herz-Jesu-Verehrung einen bedeutenden Impuls. Die französische Salesianerin ist auf der Emporenbrüstung der Wallfahrtskirche zu sehen, festgehalten in folgender

Eine Besonderheit unter den Votivbildern ist sicher das mit dem Dank aus erretteter Seenot aus dem Jahre 1782.

Situation: 1673 soll die Nonne eine Vision gehabt haben, während der ihr Christus den Auftrag gab, sich für die besondere Verehrung des „Heiligsten Herzens Jesu“ einzusetzen. Was dabei wesentlich ist, hat die Alacoque-Biografin Hildegard Waach so zusammengefasst: „Das Herz Jesu verehren, heißt nicht so sehr Gebete sprechen, als sich seinen Tugenden gleichförmig machen.“

Unter anderem um diesen Grundsatz zu verinnerlichen, mag die Wallfahrtskirche auf dem Kreuzberg der rechte Ort sein. Er war jedoch nicht schon immer eine Herz-Jesu-Stätte, das verrät schon der Name.

Ganz zu Anfang stand auf dem Kalvarienberg eine Kreuzigungsgruppe, 1696 soll sie errichtet worden sein. Eine geschlossene Kapelle war vonseiten der Kirchenleitung untersagt worden. Nichtsdestotrotz waren es zwei Einsiedlerbrüder aus dem Rheingau, die sich auf einer an dieser Stelle schon bestehenden Eremitage niederließen und anfingen, Opfergaben zu sammeln. Die reichten schließlich aus, um 1770 eine Heilig-Grab-Kapelle zu errichten. Der Pilgerstrom nahm so sehr zu, dass die Kapelle mehrmals vergrößert werden musste.

Dies übernahm der Velburger Bürgermeister Joseph Däntl, der in Westrichtung an die alte Kapelle einen achteckigen Zentralbau anfügte. Für die nun größere Kirche wurde ein neues Patrozinium bestimmt, aus dem Heilig-Grab-Kirchlein war die Herz-Jesu-Kirche geworden.

Dass die Andacht der Pilger nun nicht mehr nur dem „Kreuz“ gelten soll, sondern dem Herzen Jesu, macht nicht zuletzt das Gnadenbild im Hochaltar deutlich. Es stammt von dem Amberger Konrad Wild und zeigt eine für das 18. Jahrhundert typische Darstellung, nämlich wie der Heiland sein Gewand öffnet, um sein brennendes Herz zu zeigen. Eine Seltenheit ist die raffinierte Bild-im-Bild-Komposition, denn die Herz-Jesu-Darstellung wird als gerahmtes Gemälde von zwei Engeln gehalten, die ihrerseits nur ein Bild und ebenfalls mit einem Goldrahmen umgrenzt sind. Rund um den Hochaltar im Chorraum gibt es noch die verschiedensten Votivbilder zu betrachten. Direkt an die Rückseite des Altars und drum herum sind jede Menge Darstellungen in orthodoxer Ikonenmanier zu bestaunen. Sie zu sammeln und selbst zu malen ist ein besonderes Anliegen von Bruder Antonius. Er bewohnt seit 1979 die direkt neben der Kirche gelegene Eremitage auf dem Kreuzberg und kümmert sich um die Wallfahrtsstätte.

Eindrucksvolle Darstellung von Maria Magdalena als Büßerin.

Jeden Monat am Herz-Jesu-Freitag wird auf dem Berg eine Messe gefeiert. Wenn Bruder Antonius gerade nicht mit dem Schmücken der Kirche beschäftigt ist, vor allem dann, wenn Hochzeiten gefeiert werden, malt er Ikonen, die er gerne den Kirchenbesuchern zeigt.

AUF HOHEM FELS IM TAL DER BACHHAUPTER LABER

St. Sebastian in Breitenbrunn

Im Tal der Bachhaupter Laber bei Breitenbrunn, exponiert auf einem mächtigen Felsen, steht die Wallfahrtskirche zum hl. Sebastian. Am Fuß des Felsens entspringt die Sebastiansquelle, gefasst in ein kleines betretbares Quellhäuschen. Das Eheweib eines Türmers aus Breitenbrunn hat den Natursteinbau 1691 errichten lassen, nachdem das Wasser der Quelle ihr mehrfach Linderung brachte.

Zu diesem Zeitpunkt bestand allerdings schon 300 Jahre lang die Wallfahrtsstätte oberhalb der Quelle auf dem Felsen, die Sebastianskirche. Ende des 14. Jahrhunderts hatte die Familie der Laaberer einen oktogonalen Zentralbau errichtet. Er wurde später erweitert, und zwar von Graf Ferdinand Lorenz Franz Xaver von Tilly, einem Verwandten des berühmten Feldherrn Tilly (ein Enkel seines Bruders Jacob). Der Heerführer der Katholischen Liga wurde für seine erfolgreichen Kriegsdienste vom Bayerischen Kurfürsten Maximilian mit der Herrschaft Breitenegg und dem dazugehörigen Markt Breitenbrunn beschenkt. Ganz in der Nähe von Breitenbrunn gelegen, kann man noch heute die Reste der Burganlage, die sich im Privatbesitz befindet, sehen.

Daher also die Verbindung des Grafen Tilly zur Sebastianskirche. 1702 bis 1708 wurden Erweiterungsarbeiten notwendig. Dafür ließ er drei Seiten des Oktogons in östlicher Richtung aufbrechen, angesetzt wurden ein erweiterter Umgang und ein fünfseitiges Presbyterium. In diesem Zuge wurde auch der Westturm angebaut. Ebenfalls erneuert wurde das Kirchturm-Obergeschoss, das noch einmal die oktogonale Form aufnimmt und auf dem quadratischen Unterbau des Turms aufsitzt. Ebenfalls achtseitig ist der Dachreiter auf dem Zentralbau, sowohl er als auch der eigentliche Kirchturm sind mit einer Zwiebelhaube gekrönt. Diese Turm-Türmchen-Doppelung ist es, was den besonderen Reiz der Fernansicht von St. Sebastian ausmacht. Betreten wird die Kirche gleich neben dem Turm durch ein Spitzbogenportal … besonders eindrucksvoll sind dessen spätgotische Eisenbeschläge sowie die zahlreichen angenagelten Hufeisen. Im Inneren zieht der Hochaltar alle Aufmerksamkeit auf sich … allerdings gehört er nicht zum ursprünglichen Inventar. Er stammt aus der Kirche von Lutzmannstein. Das Altarbild wiederum, eine Darstellung des hl. Sebastian, kommt aus der Hofkirche in Neumarkt. Das ursprüngliche Wallfahrtsbild dürfte allerdings die Figur am linken Pfeiler sein.

Warum eigentlich Pestheiliger? Das hängt mit den Pfeilen zusammen. Sie sind die Marterwerkzeuge, mit denen Sebastian, ein Oberst der kaiserlichen Leibgarde von Diokletian, malträtiert wurde, weil er nicht von seinem christlichen Glauben ablassen wollte. So wird er meistens dargestellt: gefesselt an einen Pfahl, durchbohrt von Pfeilen, aber weiterhin lebendig. Nun galten aber seit den Griechen und Juden Pfeile auch als Sinnbild für rasch heranschwirrende, plötzliche Krankheiten, wie zum Beispiel die Pest. Einer, der diesen Pfeilen trotzte, bot sich also geradezu als Pestschutzheiliger an. Die „Sebastianspfeile" sind Sinnbild dafür, dass sie vor vielerlei Übeln schützen können. Zum Breitenbrunner Kirchenschatz jedenfalls gehört neben einem kleinen Kelch auch ein vergoldeter Pfeil und eine Reliquie des Heiligen. Sie wird während der Sebastiansfestwoche bei der Sonntagsandacht Pilgern aufgelegt.

Bis zum Beginn des 20. Jahrhunderts befand sich neben der Kirche eine Klause. Der Eremit betreute auch die Wallfahrer, die in früheren Zeiten zahlreich kamen. Jetzt gibt es nur noch die Wallfahrt der Beilngrieser am Pfingstmontag.

Zweimal, 1672 und 1691, erfuhr Maria Ranft, „dermalen Thurmermeisterin", Heilung, nachdem sie aus der Quelle unter der Kirche getrunken hatte. Anno 1694 hat sie ihr Votivbild „alhero verlobt".

Pfarrer Konrad Weber beim Auflegen des Sebastiani-Reliquiars.
Bei der 375. Jubiläumswallfahrt im Jahre 2012 trägt die Beilngrieser Bürgermeisterin Brigitte Frauenknecht die aus diesem Anlass gestiftete Kerze mit zur Kirche.
Kelch und Pfeil aus der Zeit der Sebastiansbruderschaft.

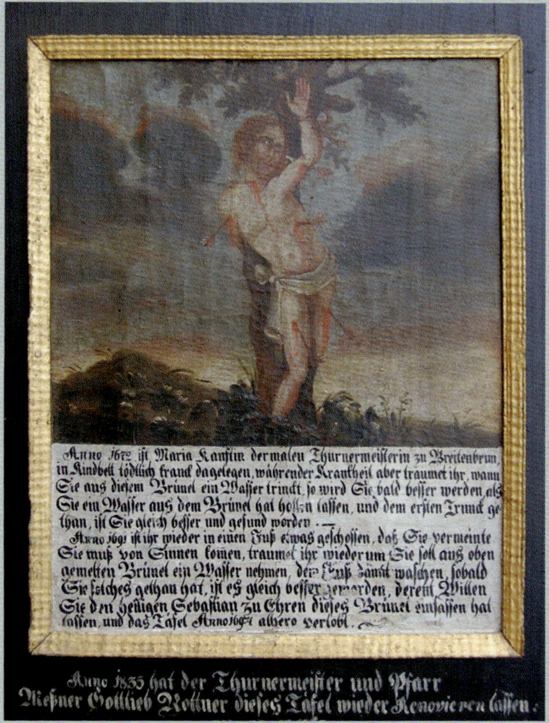

ALLE FÜNFZIG JAHRE RELIQUIENZUG

St. Martin in Griesstetten bei Dietfurt

Umgeben von einer weiß getünchten Friedhofsmauer liegt äußerst malerisch, direkt am Ufer der Altmühl, die Wallfahrtskirche St. Martin. Im Volksmund trägt sie auch den Namen „Zu den drei Elenden Heiligen". Man stutzt: „elend" und „heilig", ist das nicht ein Widerspruch in sich? Geborgen in Gottes Hand sind Heilige doch gewissermaßen von Haus aus nie elend dran. Man geht hierbei jedoch von einer falschen Wortbedeutung aus. Im „Deutschen Wörterbuch" der Brüder Grimm heißt es, die „Urbedeutung dieses schönen, vom Heimweh eingegebenen Wortes ist das Wohnen im Ausland, in der Fremde". So gesehen waren Zimius, Vimius und Marinus allerdings „Elende", lebten sie doch als Missionarsmönche, die ursprünglich aus Irland kamen, im Kloster St. Jakob in Regensburg, also im „Elend". Von dort aus gründeten sie ein Oratorium, also eine Gebetsstätte, nahe der Altmühl in Ansiedel (heute Einsiedel). Als Marinus starb, errichtete der Regensburger Abt Christian III. ihm zu Ehren eine Kapelle im nahen Griesstetten. Laut Legende sollen Marinus' Gebeine das kleine Stückchen flussaufwärts von alleine geschwommen sein, bis zur Kapelle. Geweiht wurde diese dem hl. Martin.

Das alles weiß man aufgrund der sogenannten „Schottenlegende", einer Chronik des St.-Jakob-Klosters aus dem 13. Jahrhundert. Demnach wurde Marinus 1153 in jener frühen St.-Martin-Kapelle beigesetzt. Später dann auch die Gebeine seiner beiden Mitbrüder. Bis in die Zeit des Dreißigjährigen Krieges hinein erfreute sich die Wallfahrt großer Beliebtheit. Erst die anrückenden Schweden plünderten und beschädigten den Gnadenort, so dass er anschließend verödete. 1689 kam es zum Wiederaufblühen der Pilgerstätte, der Regensburger Weihbischof Graf von Wartenberg kümmerte sich persönlich darum. Er ließ die Heiligen Leiber der drei „Elenden" in einen gemeinsamen Sarg betten und hinter dem Hochaltar einmauern.

Wie in so vielen anderen Fällen auch, war es dann in der Barockzeit, dass man einen größeren Kirchenneubau plante. Ein oktogonaler Zentralbau sollte es werden, mit angesetztem quadratischen Chor. Der zweigeschossige Turm überragt das auffällig steile Kirchendach kaum. Die Fernwirkung ist die einer gedrungenen, überaus schmucken Landkirche. Im Inneren ist es natürlich vor allem der Dreifach-Glasschrein gegenüber der Predigtkanzel mit den Reliquien von Zimius, Vimius und Marinus, der die Aufmerksamkeit auf sich zieht. Drei Wachsfiguren ruhen aufgebahrt auf Samt, jeweils in den Brustraum sind die betreffenden Gebeine gebettet. Nach der aufwendigen Neufassung der Reliquien wurden sie 1862 feierlich vom Franziskanerkloster in Dietfurt nach Griesstetten überführt. Alle fünfzig Jahre einmal erinnert man an diesen Reliquienzug, in dem die Glasschreine einzeln zwischen den beiden Orten hin und her getragen werden. Heilige, höchst verehrungswürdige Männer also waren diese „drei Elenden". Nicht zuletzt das große Kuppelgemälde unterstreicht dies noch einmal, sind dort doch die drei Wandermönche aus Irland – Marinus mit der Jakobsmuschel auf dem Habit – dargestellt, wie sie in den Himmel aufgenommen sind unter einer Schar anderer Heiliger.

Seit 1762 kümmern sich die Patres des Franziskanerklosters Dietfurt um die Seelsorge in der Wallfahrtskirche St. Martin.
2012 wurden die Reliquienschreine mit den drei Heiligen wieder vom Kloster nach Griesstetten getragen. Mit dabei war auch der frühere Diözesanbischof Gerhard Ludwig Müller.

NATURWALLFAHRT UM DEN PETERSBERG

St. Peter und Paul in Waldkirchen

Die Sache ist im Grunde ganz einfach: Wer Gottes Wirken erfahren möchte, der muss hinaus in die Natur. „Frage doch das Vieh, das wird's dich lehren", heißt es schon im Buch Hiob, „und die Vögel unter dem Himmel, die werden dir's sagen, oder rede mit der Erde, die wird dich's lehren, und die Fische im Meer werden dir's erzählen", nämlich: „Wer erkennte nicht an dem allem, dass des HERRN Hand solches gemacht hat". Etwas salopp gesagt: Wer ausschließlich daheim in seinem Kämmerchen hockt, in flimmernde Bildschirme starrt, seien es solche des Computers oder des Fernsehers, der wird sich schwer tun mit dem Erkennen von Gottes Schöpfung und seiner Werke.

Du bist Petrus und auf diesen Felsen werde ich meine Kirche bauen und die Mächte der Unterwelt werden sie nicht überwältigen.

Aber das dämmert ja längst immer mehr Menschen. Und darum feiert das Wallfahren auch so fröhliche Urständ. Seit Neuestem in der dezidierten Verbindung von Wallfahren und Natur, die eigentlich schon immer gegeben war. „Naturwallfahrt" nennt sich das, und entsprechende Angebote gibt es in mehreren Regionen. Unter anderem auch in Seubersdorf, südöstlich von Neumarkt. Auf dem zum Gemeindegebiet gehörenden 571 Meter hohen Petersberg steht eine der Urkirchen des Bistums Eichstätt, St. Peter und Paul. Die heutige Wallfahrtskirche mit ihrem quadratischen Chorturm und dem besonders steilen Spitzhelm ist weithin sichtbar. Schon um das Jahr 1000 herum soll hier eine steinerne Kirche gestanden haben. Manche Heimatforscher gehen sogar von einem noch älteren Ursprung aus und sprechen von einer „germanischen Kultstätte" (sie, die Germanen, wussten freilich um die enge Verbindung von Natur und Kult). Aus allen Himmelsrichtungen führten früher baumgesäumte Pilgerwege auf den Petersberg, die meisten sind durch die Flurbereinigung verschwunden. Zwei, drei gibt es noch, so zum Beispiel den Ittelhofer Weg mit seiner Lindenallee und dem schönen Bildstock, der „Weißen Marter". Weitere Feldkreuze und Marterln gehören überdies zu den Rast- und Andachtsstationen entlang der Pilgerwege.

All dies lässt sich nun seit 2004 nacherleben und vor allem „nachergehen" durch das Konzept der Naturwallfahrt rund um den Petersberg. Zwei markierte Rundwege gibt es dabei, einen engeren rund um den Berg und einen ausgreifenderen (knappe zehn Kilometer lang), der hinunterführt bis ins idyllische Tal der Wissinger Laber. Sieben Thementafeln sind entlang der Wege aufgestellt. Man erfährt etwas über die lange Geschichte der Petersberger Wallfahrt, über die für die Oberpfälzer Alb typische Landschaftsbewirtschaftung durch Schafherden, aber auch über das besondere Biotop der Bachauen entlang der Wissinger Laber. Vielleicht gelingt es einem ja sogar, eine der Prachtlibellen zu beobachten, die hier ihren Lebensraum haben. Und wie war das doch gleich mit dem Spruch aus dem Buch Hiob? Der lässt sich bestimmt noch erweitern, und zwar um ein „Frage doch die Prachtlibelle, sie wird's dich nämlich auch lehren ..."

Um den 29. Juni findet alljährlich die Wallfahrt des Dekanats Berching auf den Petersberg in Waldkirchen statt, einem kleinen Ort, der mit einer historisch und kunstgeschichtlich bedeutsamen Kirche aufwarten kann.

Naturwallfahrt rund um den Petersberg
Sternförmig nach oben
Zum Petersberg als Mittelpunkt einer flächenmäßig großen Pfarrei führten einst sternförmig viele Wege. Als Zeichen christlicher Frömmigkeit begegnen wir auch heute noch Marterln und Wegekreuzen.

RÖMISCHE ARCHITEKTUR IN DER OBERPFALZ

Maria Hilf in Freystadt

Im Jahre 1802 wäre es beinahe schon aus gewesen mit der nördlich von Freystadt auf freiem Feld gelegenen Mariahilfkirche. Im Zuge der Säkularisation kam es in ganz Bayern zu zahlreichen Klosterauflösungen. Davon betroffen waren auch die Franziskaner, die 1710 bis 1714 gleich neben der Mariahilfkirche ihr Kloster erbaut hatten, der Orden der Minderen Brüder kümmerte sich um die Betreuung der Pilger. Und weil der kirchenstürmerische Furor damals kaum ein Halten kannte, sollte die Kirche gleich mit abgerissen werden.

Gott sei Dank kam es dazu nicht. Das wäre auch ein kaum wieder gutzumachender Verlust gewesen. Denn einen solchen Kirchenbau wie in Freystadt gibt es in Bayern kaum ein zweites Mal. Der hochbarocke Zentralbau mit seiner mächtigen Kuppel, den vier Türmchen und der ungewöhnlichen Fassadengestaltung aus unverputztem rötlichem Sandstein bringt einen Anflug römischer Kirchenarchitektur in die Oberpfalz (vom Grundriss her gibt es Parallelen zu Sant' Agnese in Agone, eine der prominenten Kirchen Roms). Das hat seinen Grund unter anderem darin, dass der Auftraggeber des Baus, Graf Ferdinand Lorenz Franz Xaver von Tilly, als Architekten und Baumeister den Italiener Giovanni Antonio Viscardi engagierte. Wie anscheinend überhaupt nur die Besten gerade gut genug waren für diesen Auftrag. Die Stuckarbeiten führte Pietro Francesco Appiani aus, der in München eine gut gehende Stuckateurswerkstatt betrieb. So war er unter anderem an allen größeren Bauvorhaben der Zisterzienser in Bayern beteiligt (Fürstenfeld, Kaisheim, Pielenhofen). Seine Honorarforderung für Freystadt scheint immens gewesen zu sein; Graf Tilly weigerte sich erst, sie zu bezahlen, unterlag dann aber vor Gericht. Letzten Endes reichte das Geld dann aber auch noch für Georg Asam, den Vater der berühmten Asambrüder, damit dieser die Freskenausmalung besorgte. Leider wurden die Bilder später übermalt, bei ihrer Wiederfreilegung in den 1950er- und 1980er-Jahren konnten nicht mehr alle gerettet werden.

Während das umfangreiche Bildprogramm im Kuppelbau verständlicherweise sich ganz der Marienthematik widmet – einer der Seitenaltäre birgt das ursprüngliche Gnadenbild von 1664, eine kleine Marienfigur –, sollte man vielleicht doch den beiden Tafelbildern in der Vorhalle besondere Aufmerksamkeit schenken. Sie „erzählen" die Vorgeschichte dieser sich mächtig ausbreitenden Wallfahrt … im 18. Jahrhundert sollen oft 5000 bis 6000 Pilger an einem Tag gekommen sein. Doch erst einmal ging es ärmlich, bescheiden, anrührend und klein zu. Zwei Hirtenbuben aus der Gegend sollen sich eine winzige Kapelle aus Lehm gebaut haben, in ihr standen lediglich eine geschnitzte Madonna und ein paar brennende Kerzen. Ermutigt durch einige „Gebetserhörungen", wie es heißt, dachten sie an einen größeren, gemauerten Kapellenbau. Doch der wurde damals, Mitte des 17. Jahrhunderts, erst einmal untersagt. Eine typische Ursprungsgeschichte für so manch später prachtvollen Gnadenort.

„Der Engel des Herrn brachte Maria die Botschaft", Fresko aus einem Gewölbezwickel der Kuppel.

Mit „Freystadts barockem Himmel“ wirbt die Stadt für ihre Wallfahrtskirche. Und dies zu Recht. Das geniale Zusammenwirken berühmter Meister hat der Nachwelt ein prachtvolles Kunstwerk hinterlassen.
Die Geschichte des Franziskanerklosters ist bewegt von den Zeitläuften wie das der meisten anderen Klöster auch. War es zu Beginn lediglich ein „Hospitium“, ist es heute bestens restauriert, voller Leben – auch mit Klosterschenke. Polnische Patres aus der oberschlesischen Franziskanerprovinz betreuen seit 1999 Kirche und Kloster und stellen auch den Stadtpfarrer.

HOCH ÜBER DEM NEUMARKTER BECKEN

Mariahilf auf dem ehemaligen Kreuzberg

Es sind 367 Stufen, die man von der Sturmwiese aus, gleich hinter dem Kloster St. Josef, vorbei an den vierzehn Stationen eines Kreuzweges, erklimmen muss, um auf den Mariahilfberg zu gelangen. Man liest auch andere Bezeichnungen für die 586 Meter hohe Erhebung am Rande des Neumarkter Beckens.

Das hängt mit der Entstehungsgeschichte dieser Wallfahrt zusammen, die sich über Zwischenstufen erst zur heutigen Marienwallfahrt gewissermaßen „herausmendeln" musste. Begonnen hat es mit einem Traumgesicht, das dem Guardian (= Prior) des Kapuzinerordens drunten in Neumarkt widerfuhr. Er solle auf dem Berg eine Kreuzigungsgruppe errichten, lautete der Auftrag an ihn, was er auch tat. Später kam noch eine Grabkapelle dazu. Somit war erst einmal ein Kalvarienberg konstituiert. Doch damit war lediglich der Anfang gemacht. Es folgte die Bedeutungsumwandlung des Kreuzberges in einen Einsiedlerberg … noch genauer einen Berg Karmel. Was es mit dieser Bezeichnung auf sich hat, führt noch tiefer in Bibel- und Religionsgeschichte. Der an der israelischen Mittelmeerküste gelegene Gebirgszug Karmel, abgeleitet von „kerem el" ist gleich „Weingarten Gottes", gilt als Gründungsort des Karmeliterordens, der aus christlichen Kreuzfahrern hervorging, die sich an diesem Ort als Einsiedler niederließen. Auch in unmittelbarer Nähe der Neumarkter Grabkapelle lebten nun in zeitlicher Abfolge bis zur Säkularisation acht Einsiedler, die zwar offiziell nicht dem Karmeliterorden angehörten, die aber dennoch den „Karmel"-Gedanken lebendig hielten. Worin der in der Hauptsache besteht, zeigt schon der offizielle Ordensname: „Brüder Unserer Lieben Frau vom Berge Karmel". Die Marienverehrung ist es, die im Mittelpunkt steht.

Von daher ist auch die dritte „Umwidmung" der Wallfahrtsstätte für den Neumarkter Hausberg nur folgerichtig: Nachdem der Rat der Stadt bereits 1687 zugestimmt hatte, dass neben der Klause des Einsiedlers eine Marienkapelle errichtet werden dürfe – übrigens mit einer Kopie der berühmten Mariendarstellung von Lucas Cranach als Gnadenbild – war klar, dass auch die schließlich notwendig gewordene große Wallfahrtskirche unter dem Patronat der Muttergottes stehen würde. Endgültig kann nun vom Mariahilfberg die Rede sein.

1718 wurde mit dem Bau der Barockkirche begonnen. Die Mittel dazu stammten allein von der Bürgerschaft Neumarkts, ja, erst einmal lehnte das Bistum Eichstätt die Errichtung sogar ab, weil es die Finanzierung nicht gesichert sah. Doch die Neumarkter ließen sich nicht beirren. 1727 war „ihre" Mariahilfkirche fertig, der Turmtorso brauchte sogar noch 30 Jahre länger, bis er endlich vollendet und mit einer Zwiebelhaube bekrönt war, die dann später durch einen neogotischen Turm ersetzt wurde. Betritt man die Kirche durch das Portal am Turmfuß, kommt man, ähnlich wie auf dem Habsberg, erst in einen Vorraum, ehe sich die ganze Pracht des Gotteshauses vor einem auftut. Alle Aufmerksamkeit wird auf den vorne stehenden Hochaltar gelenkt, mit dem Gnadenbild im Zentrum … es ist noch immer dasselbe aus der kleinen Marienkapelle bei der Einsiedelei, übrigens ein Geschenk des bayerischen Kurfürsten Max Emanuel.

Redemptoristenpadres betreuen seit dem Jahre 2000 die Wallfahrt, vorher haben dies 100 Jahre lang die bayerischen Karmeliten getan.

Hoch über der Stadt Neumarkt thront die Wallfahrtskirche. Von einem „Festraum mit hoher Kostbarkeit und Eleganz“ spricht Prof. Dr. Andreas Bauch im Kirchenführer. Die Stuckornamente im Chorraum und der Hochaltar von 1755, geschaffen von Johann Ulrich Wiest, zeigen den vollendeten Kunstsinn des Rokokos.

WECHSELVOLLE GESCHICHTE AUF DEM ZEUGENBERG

Maria Königin und die Vierzehn Nothelfer auf dem Möninger Berg

Der südwestlich von Freystadt gelegene Möninger Berg ist der westlichste Zeugenberg der Oberpfälzer Alb. Seine Besiedelungsgeschichte reicht weit zurück, bis in die Zeit der Kelten, die vermutlich zwischen 450 und 15 v. Chr. auf dem Bergplateau eine Fliehburg hatten. Von der nachfolgenden Möninger Burg ist zwar kein aufgehendes Mauerwerk mehr zu sehen, aber noch ein deutlich erkennbarer Ringgraben mit vorgelegtem Wall. Urkunden über die nur vermuteten Adeligen von Menige als Besitzer gibt es leider nicht. Die nächsten, die sich an diesem geschichtsträchtigen Ort niederließen, waren Brüder des Franziskanerordens. Sie bauten ein Kloster, als Gründer gilt der Wanderprediger Johannes Capestrano. Zum Kloster, dessen Bau durch den Pfalzgrafen Otto I. gefördert wurde, gehörte eine Muttergotteskirche „Unserer Lieben Frau", zu der aller Wahrscheinlichkeit nach auch schon Wallfahrten führten. Kloster und Kirche bestanden aber nur rund 100 Jahre. 1556 wurde der Konvent schon wieder aufgehoben, mittlerweile hatte Pfalzgraf Ottheinrich in Teilen der Oberpfalz das Sagen, und der war ein vehementer Verfechter des protestantischen Glaubens. Dass ihm da ein katholisches Kloster ein Dorn im Auge war, versteht sich. Die Ordensbrüder jedenfalls wurden vertrieben, die Gebäude geschleift (Steine der Klosterruine wurden 1681 für den Vorläuferbau der Mariahilfkirche im nahen Freystadt verwendet).

Turbulent geht es weiter in der wechselvollen Geschichte des Möninger Berges. Im letzten Jahrzehnt des 18. Jahrhunderts wird eine erste Kapelle, die den Vierzehn Nothelfern geweiht ist, errichtet, soll aber 1804 im Zuge der Säkularisation schon wieder abgerissen werden. Nur weil ein Bergbauer sie zu einem dringend benötigten Zollschuppen deklariert, bleibt sie bestehen. Die Verehrung der Vierzehn Nothelfer jedenfalls reißt nicht ab, vielmehr kommt Mitte des 19. Jahrhunderts noch ein Kreuzweg hinzu, der nun auf den Wallfahrtsberg führt (er ist nicht identisch mit dem 1883 geweihten Kreuzweg im ehemaligen Burggraben). 1884 erst kommt es zum Neubau jener Nothelferkapelle, die noch heute auf dem Plateau des Möninger Berges steht. Sie ist damit die jüngste aller Wallfahrtskirchen, die wir in diesem Buch vorstellen. Der neugotische Baustil mit den hohen Spitzbogenfenstern sollte einen darüber nicht in die Irre führen. Pfarrer Nikolaus Mayerhöfer aus Möning, der Ortschaft am Fuße des Berges, war der Erste, der entsprechende Baupläne in die Welt setzte. Bei einem Dankamt für die glückliche Heimkehr bayerischer Kriegsteilnehmer aus dem 1866er-Krieg sagte er, es stünde dem Berg gut an, dessen „Gipfel einst eine Ritterburg, dessen Mitte ein Kloster und dessen Fuß einstens ein Edelgut zierten, dass die unansehnliche Kapelle in ein niedliches Kirchlein umgewandelt werde, [...] vielleicht zu Ehren der allerseligsten Jungfrau und der hl. Nothelfer". Doch erst Mayerhöfers Nachfolger, Pfarrer Carl Scherer, setzte die Pläne dann tatsächlich um. Vom Eichstätter Bischof gab es für die neu geweihte Kirche als Geschenk sogar noch eine Kreuzesreliquie.

Am letzten Sonntag im August feiern die Möninger ihr Bergfest mit Gottesdienst sowie Kreuzweg und natürlich auch mit Bewirtung. Die Rundumsicht vom 531 Meter hohen Zeugenberg ist beeindruckend, ganz gleich ob hinüber auf Seligenporten oder zu den anderen Zeugenbergen.
Lourdesgrotte und Kreuzigungsgruppe laden ein zur Andacht und Besinnung, wenn die Kirche geschlossen ist.

In der Region um Freudenberg geht man am „Kannestag“, dem 24. Juni, auf den Johannisberg, wo inmitten dichten Waldes die Wallfahrtskirche St. Johannes Baptista steht.

Landkreis AMBERG-SULZBACH

GELÖBNIS EINES BAUERN AUS KROTTENSEE

Mariahilf auf dem Pinzigberg bei Auerbach

Der Pinzigberg ist sicherlich keine der ganz großen und weithin bekannten Wallfahrtsstätten. Obwohl immerhin schon der Kölner Kardinal Meisner hier einen Gottesdienst zelebriert hat … das war anlässlich seines Besuches der bayerischen Provinz der „Schulschwestern von Unserer Lieben Frau in Böhmen“, die ihr Mutterhaus im nur drei Kilometer entfernten Auerbach haben. Doch auf „Berühmtheit“ kommt es schließlich nicht an. Das hat schon der Auerbacher Heimatkundler Hubert Anders ausgedrückt, als er über den Pinzigberg schrieb, er müsse sich zwar mit einem „stillen, zweiten Rang zufrieden geben“, die „Tröstungen und himmlischen Gnadenerweise, die vor unseren einheimischen Heiligtümern erfleht wurden“, seien jedoch gleich groß und wertvoll.

Dies hätte sicherlich auch jener Bauer aus Krottensee bestätigt, auf den – laut Gründungslegende – die Pinzigberger Wallfahrt zurückgeht. Krottensee liegt dort, wo einst mehrere Herrschaftsbereiche aneinandergrenzten, bambergische, reichsstädtisch-nürnbergische, preußische und bayreuthische. Das hatte zur Folge, dass das kleine Dorf immer wieder in Kriegshandlungen hineingezogen wurde. So auch am 24. Mai 1703, als es auf den Höhen vor dem Dorf zu einer wichtigen Schlacht im Verlauf des Spanischen Erbfolgekrieges kam. Das Dorf brannte dabei völlig nieder. Besagter Bauer konnte sich dadurch retten, dass er in einen Backofen kroch. In dem finsteren Loch sah er durch eine kleine Luke den Pinzigberg und gelobte, dort eine Kapelle zu errichten, komme er mit dem Leben davon. So geschah es dann auch.

Doch das kleine Kirchlein, das der Bauer stiftete, stand nur rund hundert Jahre. 1804 ordnete die Amberger Regierung an, befeuert vom wenig wallfahrtsfreundlichen aufklärerischem Geist der Zeit, alle Kapellen, „welche nicht ordentlich konsekriert“ seien, müssten abgebrochen werden. 1818 jedoch begann man bereits wieder mit einem Neubau. Eine Hungersnot hatte in der Bevölkerung den Wunsch nach dem alten Gnadenort aufkommen lassen, wohin man sich mit seinen Sorgen wenden konnte. Zahlreiche Spenden auch einfacher, ärmlicher Leute gingen ein. Und so entstand ein ursprünglich rechteckiger Kapellenbau, der schon zwei Jahre später erweitert werden musste, durch einen achteckigen Anbau mit Glockentürmchen. Die Pilger strömten ganz offensichtlich in Scharen herbei.

Das Pinzigberger Gnadenbild ist übrigens im Stil von Lucas Cranachs Marienbildnis gehalten, ein offensichtlich sehr wirkmächtiges „Vorbild“; auf dem Amberger und dem Neumarkter Mariahilfberg gibt es weitere Kopien, ebenso wie auf dem Schwandorfer Kreuzberg. Die Anrufung der Muttergottes zeigte noch einmal Wirkung gegen Ende des Zweiten Weltkrieges, als eine Bombardierung Auerbachs als Tor zum Truppenübungsplatz Grafenwöhr bevorstand. Der damalige Stadtpfarrer Johann Ritter gelobte, einen Kreuzweg zu errichten, sofern die Stadt verschont bleibe. Und so kam es dann auch. Die nach Kriegsende entstandenen Kreuzwegstationen mit eingefassten Mosaikbildern stammen von dem Münchner Künstler Heinrich Dirmaier.

Das Bildnis des Erzengels Michael mit dem Flammenschwert findet sich an der Orgelempore. Auf dem Schild weist die Jahreszahl 1826 auf die Entstehungszeit hin.

Der ehemalige Bergmann Konrad Geier ist oft auf dem Pinzigberg anzutreffen. Gerne schließt er die Kirche auf und zeigt den Besuchern das Gotteshaus mit dem Gnadenbild, als dessen Schöpfer man den Auerbacher Maler Johann Karl vermutet. Die Votivbilder hat man zufällig 1996 bei Renovierungsarbeiten gefunden.

Auf eine weitere Gnadenstätte kann Auerbach mit der Kirche auf dem Gottvaterberg stolz sein, die in ihrer heutigen Gestalt 1806 von Dechant Neumüller errichtet wurde. Am Dreifaltigkeitssonntag wird das Patrozinium gefeiert.

EINST PETRUSWALLFAHRT DER VILSFISCHER

Mariä Himmelfahrt auf dem Frohnberg

Der 425 Meter hohe Frohnberg liegt als ein typischer, durch die Reliefumkehr entstandener tafelbergähnlicher Höhenrücken am Rand des Hahnbacher Beckens. Sein langgezogenes Gipfelplateau ist in der Zeit zwischen dem 8. und 10. Jahrhundert von einem vollständigen Wall-Graben-Ring, wahrscheinlich in Holz-Erde-Bauweise, umfriedet worden. Den karolingischen Holzbauten, die inmitten des geschützten Areals standen, folgte eine steingemauerte Burg, von der leider keinerlei urkundliche Quellen existieren. 2003/04 entdeckte man bei Grabungen Reste eines Turmhauses aus dem 12. Jahrhundert. Es hatte einen quadratischen Grundriss von neun auf neun Metern. In einem Grabungsbericht ist vom „repräsentativen Charakter des Bauwerks" die Rede und dass er auf einflussreiche Bauherren hinweist. Man hat sie als die Herren von Hahnbach identifiziert, die als Ministerialen der mächtigen Grafen von Sulzbach fungierten.

Allzu lange hielten sich die Erbauer dieses Wohnturms oder Festen Hauses aber nicht auf dem Frohnberg. Denn Quellen aus dem letzten Drittel des 13. Jahrhunderts sprechen bereits von einer Landwirtschaft, die auf dem Bergplateau unterhalten wurde, ein Indiz, dass die Burg zu diesem Zeitpunkt schon verwaist war. Neben einem Bauernhof wird eine Kapelle genannt, die dem hl. Petrus geweiht war. Ein Patrozinium, das auf die romanische Zeit hinweist und nahelegt, was eh allgemeinem Gebrauch entsprach: dass nämlich die frühmittelalterliche Burg auch ein Gotteshaus besaß.

In den Zeiten des Dreißigjährigen Krieges verfiel die Kapelle. Erst im Verlauf der Rekatholisierung setzte man sie wieder instand, nun allerdings unter anderem Patronat, dem der Muttergottes nämlich. Das mag mit der glühenden Marienverehrung der gegenreformatorischen Zeit zu tun haben. Genaues darüber weiß man ebenso wenig, wie über den Ursprung der nun einsetzenden Wallfahrt. 1665 findet erstmals ein Marienkirchlein Erwähnung. Daneben scheint es noch eine zweite Kapelle gegeben zu haben, von ihr kündet wohl nur mehr die immer noch existierende Lourdesgrotte. Die heutige Wallfahrtskirche auf dem Frohnberg ist eine Schöpfung des Barocks. Zwei Jahre brauchte der Amberger Maurermeister Georg Diller für den Rohbau, ehe die Kirche 1725 der Muttergottes geweiht wurde. Ausgeführt wurde der Bau mit Blasensandstein, der in unmittelbarer Nähe an einem Hang des Frohnberges abgebaut wurde. Das sehr weiche Material gab seither immer wieder zu Renovierungsarbeiten Anlass. Einmal wurde gar das Läuten der Glocken eingestellt, da sich Risse im Gewölbe aufgetan hatten. Die Deckenfresken mit Szenen aus dem Marienleben stammen von 1879. Reizvoll sind auch die Darstellungen an der Emporenbrüstung, die die Geschichte des Frohnbergs in vier Bildern zeigen. Im Hauptaltar wird unter einem Glasschrein das Gnadenbild aufbewahrt. Es handelt sich um eine hölzerne Madonnenfigur aus der Zeit um 1500, mit dem Jesukind auf dem Knie. Unter den zahlreichen Votivbildern fällt vor allem ein außergewöhnlich großformatiges auf; es hängt neben dem Südportal. Es zeigt die Belagerung Ambergs während des Spanischen Erbfolgekrieges, auffällig die Flugbahnen der Kanonenkugeln, die die österreichische Artillerie vom Mariahilfberg aus abfeuert.

Von 2009 bis 2012 wurde die Kirche außen saniert und renoviert. Dies war dringend notwendig geworden, da Teile des Turms bereits einsturzgefährdet waren. Jetzt können die Wallfahrer bei der Frohnbergfestwoche um den 15. August wieder in einer strahlenden Kirche beten oder draußen beim neuen Freialtar.

DECKENGEMÄLDE IM NAZARENER STIL

Mariä Geburt auf dem Mausberg

Für die Bewohner des Landkreises Amberg-Sulzbach gibt es so etwas wie einen zusätzlichen Jahreskreislauf. Oder vielleicht ist Jahreskreislauf zuviel gesagt, nennen wir ihn besser Sommerkreislauf. Er ergibt sich aus der Abfolge von nicht weniger als zehn Bergfesten beziehungsweise Gottesdiensten auf einem Berg. Den Anfang macht das Kreuzbergfest bei Schmidmühlen und dann geht es unter anderem über das Mariahilfbergfest in Amberg, das Annabergfest in Sulzbach-Rosenberg, das Frohnbergfest bei Hahnbach bis zum Eggenbergfest bei Ensdorf. An „Position" acht dieses Reigens steht das Mausbergfest bei Gebenbach, es wird alljährlich Anfang September begangen. Unter Kennern der gesamten Bergfest-Abfolge hat es einen besonderen Stellenwert. Weil es ist eher eines der kleineren Feste, sicher nicht so überlaufen wie das auf dem Mariahilfberg oder dem Annaberg. Und außerdem liegt das Ziel der Pilger zum Mausbergfest, die Wallfahrtskirche Mariä Geburt, einfach landschaftlich besonders schön am nordwestlichen Fuß der 472 Meter hohen Erhebung, idyllisch an einem Waldrand.

An sich ist der geschlossene Höhenzug nämlich dicht bewaldet, beinahe etwas menschenfern und unwegsam. Das mag sich auch jener Gebenbacher Geistliche mit Namen Sebastian Grün gedacht haben, der im Jahre 1700 hier im Wald von seinem Reitpferd gestürzt sein soll. Ein „kleines Frauenbiltlein" vor Augen, das just an dieser Stelle an einen Felsen gehängt war, rief er die Muttergottes an, er möge unverletzt bleiben. Und da seine Bitte erhört wurde, ließ er zum Dank den Felsen zu einer kleinen Kapelle aushauen und ein hölzernes Madonnenbildnis aufstellen. Das kleine Heiligtum wurde bald von einer Holzkapelle abgelöst. 1753 bis 1755 erbaute man schließlich die heutige steinerne Wallfahrtskirche, einen Saalbau mit eingezogenem Chor. Der dreigeschossige Westturm mit Portal im Untergeschoß kam erst 1870 zur Kirche hinzu. Er musste auf einen Pfahlrost aus Eichenholz gesetzt werden, die unsicheren Bodenverhältnisse machten dies notwendig.

Im Inneren fallen vor allem die Deckenbilder im Nazarenerstil auf. Sie stellen Szenen aus dem Marienleben dar, im Chor etwa die Unbefleckte Empfängnis und im Langhaus die Himmelfahrt. Das Gnadenbild im Zentrum des Hochaltars ist wieder einmal eine Variante des Marienbildnisses von Cranach. Gekrönt wird der Altar, der von einem Schreinermeister Bacher aus Amberg stammt, von einem Baldachin, unter dem Engel die Heilige Dreifaltigkeit umspielen. An der Emporenbrüstung sind Blechbilder von Christus Salvator und den zwölf Aposteln angebracht.

Nach der Säkularisation legte man das Mausbergfest auf den jeweiligen Sonntag nach Mariä Geburt. Seit 1980 bemüht man sich um eine stärkere Wiederbelebung, unter anderem durch die Ausweitung des Festes auf eine ganze Woche.

Direkt am Waldrand steht malerisch die Mausbergkirche. Die Seitenaltäre zeigen die Heiligen Benediktus (links) und Wendelin.
Ausschnitt aus dem Deckenfresko mit der Himmelfahrt Mariens und Detail vom Fenster im Chorraum mit der Anbetung der Heiligen Drei Könige.

Trösterin der Betrübten!
Ave Maria.
Helferin der Christen!

GNADENBILD AUS DEM PEUTENTAL

St. Anna in Sulzbach-Rosenberg

Sucht man nach den Ursprüngen der Wallfahrt zur hl. Anna im Sulzbacher Land, so ist man auf dem allseits bekannten Annaberg bei Sulzbach-Rosenberg nur „fast richtig". Freilich findet die Verehrung der Mutter Mariens hier ihren augenscheinlichsten Ausdruck mit dem Tausende von Besuchern anziehenden Annabergfest alljährlich in der letzten Juliwoche. Begonnen aber hat das alles etwas weiter nordwestlich im wenig bekannten Peutental. Dort, wo der Erlbach von den Bernrichter Höhen herabrinnt – eine Gegend, die mit mancherlei Sagen verbunden ist –, hat es bereits im 14. Jahrhundert eine Einsiedelei gegeben. Von einer stattlichen Kapelle zu Ehren der hl. Anna ist die Rede, daran angebaut ein weiterer Betraum zur Verehrung der Vierzehn Nothelfer. Mit den Wirren des Landshuter Erbfolgekrieges erlitten die Einsiedelei und die Wallfahrt einen gewaltigen Einbruch. In dem sich neu konstituierenden Fürstentum der „Jungen Pfalz" führte Pfalzgraf Ottheinrich den Protestantismus ein, katholische Wallfahrtsstätten wurden nun nicht mehr gefördert. Das Peutental verwaiste daraufhin in den kommenden Jahrzehnten, die dort stehende Annakapelle verfiel, ja der Pfalzgraf August von Sulzbach ließ sie „von Grund auf" zerstören.

Lediglich das Gnadenbild „St. Anna selbdritt" wurde gerettet. Ausgerechnet in die Hände von Augusts Sohn Christian geriet es, und nachdem dieser im Fürstentum 1652 das „Simultaneum" eingeführt hatte, das Katholiken und Protestanten gleiche Rechte garantierte, schien nun auch wieder Platz für eine Verehrung der hl. Anna. Pfalzgraf Christian selbst, der zum Katholizismus konvertierte, bestimmte den Platz für eine schlichte Annakapelle aus Holz. Es sollte dies der 501 Meter hohe Kastenbühl sein, längst viel besser bekannt als Annaberg. Im Nu entwickelte sich eine rege Wallfahrt zum Gnadenort über der Pfalzgrafenresidenz. Schon bald konnte die Holzkapelle die Pilgerströme nicht mehr fassen, eine größere, steingemauerte Kirche wurde notwendig. An diesem Bau wurden in der Folgezeit ständig Erweiterungsarbeiten vorgenommen. 1787 enstand das heutige Kirchenschiff, von der urspünglichen Kapelle blieben nur das jetzige Presbyterium und die Sakristei übrig. Die letzte Verlängerung des Langhauses erfolgte 1903/04, zudem wurde auch noch der Kirchturm aufgestockt und mit einer Zwiebelhaube gekrönt.

Doch die Kirche allein ist es ja gar nicht, die den Annaberg zu einem einzigartigen „Wallfahrtsbezirk" macht. Die nur 100 Meter von St. Anna entfernt stehende Loretokapelle gehört genauso dazu. Ihren Bau veranlasste 1753 die Gemahlin des letzten Sulzbacher Pfalzgrafen, Elisabeth Auguste. Bei den Plänen orientierte man sich an der Loretokapelle von Oggersheim, heute ein Stadtteil von Ludwigshafen – im nahen Mannheim residierte schließlich Elisabeth Augustes Gemahl, der auch Kurfürst von der Pfalz war. Auf den Annaberg hinauf führt eine alte Lindenallee, angelegt vom bayerischen Kurfürsten Karl Theodor. Sie beschattet den Kreuzweg, der Mitte des 18. Jahrhunderts entstand und der vor einer beeindruckenden Kreuzigungsgruppe endet. Welcher Bildhauer die Sandsteinfiguren schuf, ist unbekannt.

Spätgotisches Gnadenbild St. Anna selbdritt im Tabernakelschrein des Hochaltars. In der Barockzeit erhielten alle drei prächtig vergoldete Kronen.

Im Laufe mehrerer Jahrhunderte erhielt die Kirche ihr heutiges Aussehen, die Zwiebelhaube des Turms wurde erst 1904 aufgesetzt.
Auf dem Hochaltarbild unterweist Mutter Anna, behütet von Engeln, Maria beim Lesen der Heiligen Schrift.

In langer Prozession zogen die Bergleute 2012 aus Anlass des 125-jährigen Bestehens des Bergknappenvereins zum Annaberg.
2013 kam auch Diözesanbischof Dr. Rudolf Voderholzer und feierte zusammen mit Dekan Walter Hellauer den Abschlussgottesdienst.

BERGFEST AM KANNESTAG

St. Johannes Baptista auf dem Johannisberg bei Freudenberg

In der Gemeinde Freudenberg, zwölf Kilometer östlich von Amberg, kennt man einen zusätzlichen örtlichen Feiertag. Es ist dies der 24. Juni, und man nennt ihn den „Kannestag". Bei dieser eigenartigen Bezeichnung handelt es sich um eine Verballhornung von Johannes … im Oberpfälzischen wird oft aus einem „J" ein „K" oder „G". Am 24. Juni ist also Johannistag, und an diesem Datum kennt jeder ehrbare Freudenberger und Wutschdorfer nur ein Ziel: das rund um die Wallfahrtskirche St. Johannes Baptista abgehaltene Bergfest auf dem dicht bewaldeten Westgipfel des sogenannten „Freudenberger Gebirges".

Johannisberg nennt man die 652 Meter hohe Erhebung, und man findet dort eine Ringwallanlage aus der Zeit um 1500 v. Chr. Früher trug der Berg den Namen Heiligenberg, möglich, dass er schon in vorchristlichen Zeiten als Kultstätte diente. Das Christentum kam wahrscheinlich mit den Bajuwaren, die hier ab 800 siedelten. Ab dem Mittelalter dann ist die katholische Wallfahrtsstätte belegt, die bezeichnenderweise Johannes den Täufer zum Schutzpatron hat.

Es folgte der Glaubenswechsel in der Oberpfalz. Pfalzgraf Friedrich IV., ein überzeugter Calvinist, sah in der Gnadenstätte Johannisberg mit ihren „viel Opfer und Kirchfahrten" nur mehr einen Ort falschgläubiger Abgötterei. Jedenfalls ließ er den Vorgängerbau der heutigen Wallfahrtskirche kurzerhand in die Luft sprengen. (1597, in dem Jahr geschah dies, war das Schwarzpulver, auch genannt „Donnerkraut", längst bekannt.)

Nach der Rekatholisierung der Oberpfalz ging man auch auf dem Johannisberg daran, wieder ein Gotteshaus zu errichten. Man erinnerte sich daran, dass „darin der Hl. Johannes der Täuffer vor Jahren mit allergrößten miraculn und Wunderwerken gerastet". Während des Spanischen Erbfolgekrieges wurde die Kirche ausgeplündert und beschädigt. 1712/13 erfolgte eine erhebliche Erweiterung der gesamten Kirche auf die heutige Größe. Seitdem trägt der Saalbau mit seinem quadratischen Chor im Langhaus eine in dieser Art selten zu sehende Kassettendecke. Sie ist zusammengesetzt aus Rechteckfeldern, in der Mitte jeweils eine Rosette, wobei die Rechtecke gebrochene Ecken haben, so dass zwischen den Kassetten zusätzlich Rauten entstehen. Bemerkenswert ist auch die rückwärtige hölzerne Doppelempore, die untere davon mit einem trapezförmigen, säulengetragenen Vorbau, der in das Kirchenschiff hineinragt. Bemerkenswert ist die Emporenbemalung. Teilweise von den Pfeifen der Orgel verdeckt ist die Darstellung der Auferstehung Christi, gut zu erkennen dagegen die vier Evangelisten und die vier Kirchenlehrer. Auf die untere Emporenbrüstung sind Darstellungen aus dem Leben von Johannes dem Täufer aufgemalt.

Haupt- und Seitenaltäre stammen von Martin Wild aus Kemnath, die übrige Ausstattung von Matthias Pösl. Die Predigtkanzel befand sich ursprünglich in der Amberger Mariahilfkirche, ehe sie nach der Erweiterung der Kirche hier angebracht wurde. Die geschnitzten Wangen des Kirchengestühls sind genauerer Beachtung ebenso wert wie ein großer barocker Opferstock aus Stein.

Steil ist der Weg zur Kirche, da wird mancher Schweißtropfen vergossen. Oben angekommen feiert man Gottesdienst, wo Gesangsverein und Musiker mit Tuba, Zither und Gitarre ganz bodenständig die Messe begleiten.
Ein zweites Mal noch füllt sich der Platz vor der Kirche mit Gläubigen, wenn die Amberger Bergwacht zu ihrem Hüttenfest einlädt und an einem Sonntag im August zusammen mit Pfarrer Norbert Götz Gottesdienst feiert.

EIN PESTGELÜBDE STAND AM ANFANG

Mariahilf in Amberg

„In denen Monaten Juli und August nahm endlich die leidige Pest sehr überhand, und zwar dermaßen, daß des Tags etlich 40 Personen todt gefunden wurden.“ So beschreibt Johann Kaspar von Wiltmaister in seiner „Churpfälzischen Kronik“ im Kapitel über Ambergs Stadtgeschichte die Lage in der Stadt im schlimmen Pestjahr 1634. Vierzig und mehr Sterbefälle pro Tag … da versteht man, dass die blanke Verzweiflung herrschte und man schier nicht mehr ein noch aus wusste. Und vor allem: Wohin sich wenden in der Not? Es war der Rektor des Jesuiten-Gymnasiums, P. Caspar Hell, der seine Mitbürger eindringlich beschwor, jetzt könne nur mehr ein Zeichen an die himmlischen Mächte helfen. Es sollte in der Errichtung einer Kapelle auf dem Mariahilfberg bestehen.

Ganz von vorne musste man mit dem Bau ja nicht beginnen. Denn auf dem Berg war einst eine Burg gestanden, der ehemalige Bergfried wurde zur Kapelle umfunktioniert. Als Gnadenbild, das dort der Verehrung und Anbetung diente, stiftete Caspar Hell eine Kopie des berühmten Marienbildes von Lukas Cranach, dessen Original im Innsbrucker Dom hängt und dem wir u. a. schon beim Kreuzberg in Schwandorf begegnet sind. Tatsächlich ließ die Pest unten in der Stadt nach, verschwand schließlich ganz. Die Dankwallfahrten zur Muttergottes rissen verständlicherweise nicht mehr ab, und als die Kapelle bei einem Brand 1646 verwüstet wurde, stand sofort fest, dass nun eine größere, prächtigere Kirche gebaut werden würde. Zumal das Gnadenbild wundersamerweise verschont blieb und ein neues, schützendes Gotteshaus brauchte.

Den dramatischen Vorgang der Rettung des Gnadenbildes hat übrigens kein Geringerer als Cosmas Damian Asam in einem hinreißenden Fresko verewigt. Fünf Einzelbilder, auf denen die Geschichte der Wallfahrt erzählt wird, füllen die Decke des durch Doppelgurte gegliederten Tonnengewölbes … der Plan zu dem einschiffigen Kirchenbau stammt von Wolfgang Dientzenhofer, die Bauausführung überwacht hat ein Franziskanerpater, Philipp Plank. Sein Orden war schon vorher für die Betreuung der Wallfahrt zuständig gewesen. Das zur Kirche gehörende Kloster wurde im Zuge der Säkularisation genauso aufgelöst wie der Stammsitz der Franziskaner unten in der Stadt (heute Brauerei Bruckmüller). König Ludwig I. ließ 1832 das Kloster wieder instand setzen, die Wallfahrten hatten sowieso nie richtig aufgehört. Mittlerweile wird das Kloster übrigens nicht mehr von bayerischen Franziskanern betrieben, die mussten wegen Priestermangels aufgeben. Die Seelsorge haben seitdem polnische Ordensbrüder aus der Ordensprovinz Krakau übernommen.

Die Wallfahrt auf dem Mariahilfberg indes blüht stärker denn je. Vor allem das Bergfest rund um Mariä Heimsuchung hat geradezu Volksfestausmaße, wird doch dann eine Woche lang Bier ausgeschenkt und neben anderen kulinarischen Gaumenfreuden vor allem auch die berühmten Bratwürstl angeboten. Auf Holzbänken feiert das Volk das Kirchenpatrozinium nach seiner Art … nicht immer war das zum Gefallen der Kirchenobrigkeit. Zum 150-jährigen Wallfahrtsjubiläum ließ ein Geistlicher Rat in München verlauten, die ganze Veranstaltung sei zu „wahrer Andacht und Erbaulichkeit“ wenig geeignet. Doch seit wann lässt sich ein Oberpfälzer von jemandem aus München sagen, wie er seinen Glauben zu leben habe.

„Gemma zu da Himmelmutter“ ist bei älteren Ambergern ein oft verwendeter Ausspruch. Nöte und Sorgen wurden über viele Generationen hinweg auf den Berg getragen. Das in der Kirche aufliegende Buch mit Bitten und Dank zeugt eindrucksvoll davon.

SVB TVVM PRÆSIDIVM
CONFVGIMVS

INMITTEN EINES GRÄBERFELDES

Mariä Heimsuchung in Stettkirchen

Als 2010 der Ausbau der Staatsstraße 2235 von Schmidmühlen nach Kastl im Lauterachtal anstand, wurden Erdarbeiten auch in unmittelbarer Nähe der Wallfahrtskirche von Stettkirchen notwendig. Kaum hatte man die oberen Erdschichten abgetragen, staunten

Ein musizierender Engel schlägt zum Lobe Mariens die Kesselpauke.

herbeigerufene Archäologen nicht schlecht. Es stellte sich nämlich heraus, dass im unmittelbaren Umkreis der Kirche zahlreiche Gräber lagen. Und die eigentliche Sensation war: Die dort bestatteten Toten hatten im 8. und 9. Jahrhundert gelebt. Einzelne Knochenfunde reichten bis unmittelbar unter die Fundamente der Kirche. Mit anderen Worten: Die Ursprungskapelle, die wohl schon an diesem Ort gestanden hatte, wurde auf ein Gräberfeld gesetzt, die bestatteten Toten waren ohne jegliche Grabbeigaben, was dafür spricht, dass es bereits getaufte Christen waren. Die Archäologen verorten sie in den Grenzbereich zwischen fränkischem und slawischem Kulturkreis.

Diese früheste Kapelle in Stettkirchen soll laut Legende auf ein Gelübde des deutschen Kaisers Otto II. zurückgehen, der sich in kriegerischer Auseinandersetzung mit dem Bayernherzog Heinrich dem Zänker befand. Für den Fall eines Schlachtensieges wollte Otto der Muttergottes eine Kirche erbauen. Auf das Jahr 976 datiert man dies, urkundliche Belege gibt es keine. Die tauchen vielmehr erstmals 1391 auf. Die Kirche, wie sie sich heute dem Besucher zeigt, ist spätgotisch unter Einbeziehung romanischer Bauteile. 1656 hat der Maurermeister Georg Schmid aus dem nahen Hohenburg den Bau Richtung Westen verlängert, unter Verwendung von Steinquadern der Burgruine Adertshausen.

Auffallend am Kirchenschiff ist, dass die Nordseite völlig fensterlos ist. Seinen Grundriss in den des Chores hineinschiebend ragt der gedrungene Turm auf. Im hohen Untergeschoss noch quadratisch, sind zwei niedrigere oktogonale Obergeschosse aufgesetzt. Gekrönt ist der Turm mit einer sogenannten Glockenhaube. Im Inneren der Kirche verblüffen die 1733 entstandenen Stuckaturen an der Decke des Langhauses, die so gar nichts von barocker Verspieltheit zeigen. In einer Reihe von Reliefs werden marianische Embleme dargeboten, so etwa eine Rose ohne Dornen, eine immergrüne Zypresse, der strahlende Morgenstern oder der Ölbaum. Das ganz auf die Muttergottes ausgerichtete Bildprogramm setzt sich noch fort an der Kanzel und dem Beichtstuhl (hier als Maria Immaculata). Bemerkenswert vor diesem Hintergrund, dass bei der Bemalung der Emporenbrüstung auf einmal alttestamentarische Motive vorherrschen. Da ist König David zu erkennen, der die Bundeslade nach Jerusalem holt. Und die Figur des Jiftach, eines Richters in Israel. Siegreich aus einer Schlacht heimkehrend, hatte er gelobt, das erste Lebewesen, das ihm entgegenkomme, Jahwe zu opfern. Aus der Haustüre trat seine eigene Tochter. Welch dramatischer Konflikt … und Jiftach blieb bei seinem Gelübde.

Madonna an der Langhausnordwand. Maria zertritt den Kopf der Schlange, die seit dem Sündenfall als Symbol des Bösen gilt.

Das Lauterachtal mit Stettkirchen und der Burgruine Hohenburg im Hintergrund ist sicher eines der am meisten fotografierten Motive im Landkreis Amberg-Sulzbach.
Der Hochaltar mit seinen vier Säulen und dem seitlichen Akanthuswerk trägt vor silbernem Muschelnimbus die gekrönte Gnadenmutter.

1969 VOR DER ZERSTÖRUNG GERETTET

Heilige Dreifaltigkeit auf dem Kreuzberg bei Schmidmühlen

Das waren noch Zeiten für die kleine Wallfahrtskirche von Schmidmühlen, als hier Kreuzbergfeste rund um den Frommtag, um Trinitas – den ersten Sonntag nach Pfingsten – gefeiert wurden. Die hatten wahrhaft biblische Ausmaße. 1797, so erzählen die Quellen, dauerten die Feierlichkeiten drei Tage und an 5000 Gläubige wurde die Kommunion ausgeteilt. Noch einmal hundert Jahre später – man beging das 200-jährige Jubiläum der Kirchenweihe – dauerte das Fest gar sechs Tage. Selbst wenn sich heute noch so viele Pilger mobilisieren ließen und selbst wenn sie den Willen zu einem solch ausladenden Fest hätten, das alles wäre nicht mehr ohne Weiteres zu bewerkstelligen. Denn über die Kreuzbergkirche haben mittlerweile andere Herren mit das Sagen. Das Gotteshaus liegt nämlich im Truppenübungsplatz Hohenfels. Ebenso wie in Grafenwöhr steht das Gelände unter Verwaltung der US-Army. Man kann froh sein, dass diese wenigstens am Dreifaltigkeitstag erlaubt, dass Wallfahrer, die zum Beispiel aus Adertshausen und Hohenfels zur Kreuzbergkirche herbeistreben, den Truppenübungsplatz durchqueren dürfen. Nur an diesem Tag auch ist die Kirche überhaupt aufgesperrt.

Ja, es könnte genauso gut sein, dass sie gar nicht mehr dastünde. Dass es ihr ergangen wäre, wie der Kirche von Bergheim, die deutsche Pioniere am 22. Februar 1972 zu Übungszwecken einfach in die Luft jagten. Damit solches mit der Kreuzbergkirche nicht doch irgendwann auch geschehen konnte, erwarb man von der Bundesvermögensverwaltung gegen einen Betrag von 3000 DM die gesamte Bergkuppe mit der Kirche. Diese „Rettungstat“ betrieben hat der Schmidmühlener Pfarrer Otto Gillitzer, der vor seiner Amtseinführung die Pfarrei in Chammünster inne hatte. Jedenfalls wurde so das Wahrzeichen Schmidmühlens gerettet.

Wobei man sagen muss, es ist ja gar nicht die Kirche alleine, die den Andachtsort in seiner Gesamtheit ausmacht. Der Kreuzweg gehört zum Beispiel unbedingt dazu. Er hat seinen Anfang an der sogenannten Kannesmetzgerkapelle am Fuße des Kreuzberges. Über das kleine Kirchlein, das um 1850 herum erbaut wurde, ist wenig bekannt. Auch das Alter der Kreuzwegstationen kennt man nicht genau, sie wurden 1979/80 umfassend restauriert und erhielten denselben Anstrich wie die Wallfahrtskirche selber. Kurz bevor man diese beim Aufstieg erreicht, kommt man noch an einem Kalvarienberg vorbei, in dessen Nähe es eine kleine Gruft gibt. Bis 1747 soll die kleine Andachtsstätte von einem Einsiedler betreut worden sein.

Der Kreuzweg endet vor der Dreifaltigkeitskirche. Diese wurde also 1697 erbaut. Man geht von einem Gelübde der Marktbürger von Schmidmühlen aus, das zu ihrer Entstehung führte. Zu dieser Zeit soll eine schlimme Maul- und Klauenseuche gewütet haben. Das zierliche Kirchlein trägt einen Kuppeldachreiter, an den Chor ist eine Sakristei mit Walmdach angebaut. Der Hochaltar von 1770 birgt eine Figurengruppe der Heiligen Dreifaltigkeit. Früher gab es eine ganze Reihe schönster Votivtafeln, die allerdings, seit die Kirche auf dem Truppenübungsplatz liegt, mehrfach Beute von Kirchenräubern wurden. Mittlerweile sind sie in der Pfarrkirche und im Pfarrheim von Schmidmühlen ausgelagert.

Eine der Kreuzwegstationen, die entlang des steilen Weges hinauf auf den Kreuzberg stehen. Oben angelangt hat man einen herrlichen Ausblick auf die Kuppenalb im Übungsplatz Hohenfels.

Der Hochaltar mit der Heiligen Dreifaltigkeit aus der Mitte des 18. Jahrhunderts wird von zwei Bischofsdarstellungen flankiert, von denen die linke den hl. Augustinus darstellt.

Alljährlich am Dreifaltigkeitssonntag pilgern viele Gläubige auf den Berg. Noch sind auch frühere Bewohner der abgelösten Ortschaften Bergheim und Enslwang dabei, die einen manchmal wehmütigen Blick auf ihre früheren Heimatdörfer werfen.

EIN WORT DES DANKES VOM VERLAG UND DEN AUTOREN

Viele haben mitgewirkt, dass dieses Buch auf den Weg gebracht werden konnte und 57 Wallfahrtsstätten in der Oberpfalz in ihrer Vielfalt und auch Verschiedenheit vorgestellt werden können. Allen Priestern und Patres, die uns in ihren Kirchen fotografieren ließen, dann Korrektur gelesen haben, sei herzlich gedankt – ebenso den vielen Mesnerinnen, Mesnern und Kirchenpflegern, die unsere Wünsche nach Licht gerne erfüllt haben.
Im Stiftlandmuseum Waldsassen, dem Schwarzachtalmuseum in Neunburg vorm Wald, dem Volkskundemuseum in Burglengenfeld und dem Wallfahrtsmuseum in Neukirchen beim Hl. Blut waren wir zu Fotoarbeiten, auch hier wurden wir voll unterstützt.
Für besondere Hinweise bedanken wir uns bei Mathias Conrad, Franz Kraus und Günther Bauernfeind.
Viele Fotografinnen und Fotografen haben aus ihren Archiven Bilder beigesteuert, auch ihnen gilt unser Dank.
Vor allem aber sagen wir ein herzliches „Vergelts Gott“ dem Bischof der Diözese Regensburg, H. H. Dr. Rudolf Voderholzer, für sein Vorwort.

BILDNACHWEIS

Bachhuber, Anton: S. 117 re. o.
Baehnisch, Walter: S. 57 re. u.
Bernt, Stefan: S. 135 li. u.
Bucher, Stephi: S. 73 re. u.
Gebhardt, Joachim: S. 135 re. u.
Grüner, Norbert: S. 18, 19 (3), 24, 25 re. u.
Hammer, Alfred: S. 53 li. u., Mitte u.
Hartl, Petra: S. 139 li. u., re. u.
Iberer, Hans: S. 131 re. u.
Jäger, Konrad: S. 16/17
Kasseckert, Josef: S. 10 li., 25 Mitte u., 53 re. u.
Kraus, Franz: S. 114 (2), 115 (5), 124, 125 re. o., 125 re. o., re. u.
Kurverwaltung Bad Kötzting: S. 81 re. o.
Markt Tännesberg: S. 47 li. u.
Pfarrei Aufhausen: S. 98, 99 li. u., re. o.
Pfarrei Fuchsmühl: S. 29 re. u.
Popp, Ingrid: S. 41 re. u., 50, 51 li. u., Mitte u.
Portner, Gertraud: S. 69 re. u.
Scharnagl, Friedrich: S. 21 re. o.
Scharnagl, Konrad: S. 67 li. o., li. Mitte
Schönberger Gabi: S. 38
Schneider, Albert: S: 19 re. u., 21 re. u.
Schwarz, Ferdinand: S. 136, 137 (3)
Stadtarchiv Amberg: S. 14 o.
Stadtarchiv Schwandorf: S. 60
Wallfahrtsmuseum Neukirchen b. Hl. Blut: S. 11 o.
Alle anderen Fotos: Günter Moser